シルビア・ブラウンが視た世界の終わり

END OF DAYS ―終末予言と天啓

シルビア・ブラウン
リンジー・ハリソン　共著

目次

はじめに …… 5

第1章　世界の終わり・なぜ今この本を出版するのか …… 7
終末予言の3つの分類

第2章　世界の終わりと古代の信仰 …… 14
インカ／マヤ／アステカ／アメリカ先住民／アボリジニ／北欧神話

第3章　世界の終わりとキリスト教、ユダヤ教、カトリック …… 45
キリスト教／ユダヤ教／カトリック

第4章　そのほかの偉大な宗教と世界の終わり …… 87
イスラム教／ヒンドゥー教／仏教／バハーイーの信仰／エホバの証人／モルモン教／ラスタファリアン／ゾロアスター教／ペンテコステ派／バプテスト教会／ジャイナ教

第5章　予言者が語る世界の終わり……125
エドガー・ケイシー／アイザック・ニュートン／ヘレナ・ブラヴァツキー夫人／ハーバート・ジョージ・ウェルズ／グリゴリー・ラスプーチン／アーサー・コナン・ドイル／ノストラダムス／現代の予言者たち

第6章　終末論を説くカルト集団……167
ヘヴンズ・ゲート／ジム・ジョーンズと人民寺院／ブランチ・ダビディアン／統一教会と文鮮明／ジェフリー・ラングレン／マンソン・ファミリー

第7章　私の目を通した世界の終わり……199
終末への大筋／次の92年／2010～2050年／2050年から終末へ／地球温暖化／世界の終わりまでの健康問題

第8章　人類の終焉……232
終末への準備／脱出点／地球外生命体／神秘の旅人／終末と闇の世界／闇の扉／闇の世界の行方／終末と地縛霊／宇宙の「向こうの世界」／地球を去り「真の故郷」へ／再臨と携挙（ラプチャー）／反キリスト／「向こうの世界」への到着／「向こうの世界」の人生

シルビア・ブラウンが視た世界の終わり

END OF DAYS　終末予言と天啓

シルビア&リンジーより
クリステン、ミスティ、クリスタル、ウィリーのために

はじめに

おびえるのにはもう飽きました、あなたもそうでしょう。戦争、原発、テロ、暗殺、政情不安、経済不安、政治的混乱、異常気象、日増しに悪化する環境、今日の世界には恐れるものであふれています。ですがベッドの中に身を隠し、対処しきれないほどの問題を考え続けるわけにもいきません。

すでに重荷を背負っているところに輪をかけて、マヤの暦は2012年に世界が終わると脅かします。そしてヨハネの黙示録やダニエル書、ノストラダムスの予言では、2年後、5年後、10年後には皆死んでしまうとか、世界の終わりがもうすぐそこに迫っている明白な兆候があるようなことを、いつもどこかで耳にします。これはまるでよくある恐怖映画を連想させます。地球上の一握りの人々だけが生き残り、ゾンビのようになって砂漠の街をさまよいながら、パンの一片をめぐって殺し合いをするのです。これこそベッドの中に身を隠すくらいの恐怖です。あなたは、こうした「この世の終わり」の恐ろしい予言について知りたがるだけではいけません。すでに十分な過負荷がかかっているのに、マヤ暦では世界滅亡を告げているなどと聞かされたらどうでしょうか。

ヨハネの黙示録やダニエル書は具体的に、この差し迫った運命をどのように証明しているのでしょうか。また、書かれた経緯について私たちは何を知っているでしょうか。マヤ人とは誰で、どのようにして2012年に終わるカレンダーを手に入れたのでしょうか。誰がノストラダムスで、なぜ世界の終わりについて他の人より専門知識があったのか。ノストラダムスの書き残した予言の文章が象徴性に満ち、一見何を書いているか分からないようになっているというのは本当でしょうか。これまでの地球の歴史上でも世界滅亡の明白な兆候は存在したのでしょうか。地球を破壊するほどの巨大な小惑星が向かってきていると信じる確かな理由はあるのでしょうか。

それは誰にもわからないのです。

もしあなたが私のテレビ番組や本を知っていれば、知識とは力であり、何かを恐れたときに最初にすべきことはできるだけ徹底的に自分自身で調べることだと、私が強く信じていることをご存知でしょう。私は決して「この世の終わりにおびえてはいけない」とは言いません。これからこの本を通して学んでいきますが、私たち人間はこうしたことについて考えたり心配したりする傾向をもともと持っています。ですが私はあなたに、できる限りのことを学び、自分の意見を持ち、そして何よりも私たち自身がこの地球を終わらせるか救うかの選択権を持っているのかどうかをぜひ知ってほしいのです。

本書は、恐怖を事実に置き換え、知識が力であることを証明し、たとえ世界が明日終わるとしても、そうでなくても、神が私たちを創られたときに約束してくださったように、私たちを永遠に守ってくださるという心からの安心をあなたに与えるために書きました。

シルビア・C・ブラウン

（編集部注・著者は2013年逝去。原作初版は2008年です）

第1章
世界の終わり・なぜ今この本を出版するのか

この本の出版の時期には何か緊急な意味があると思い込まないでください。地球上での生命の終わりの前に、何度も読む時間があることを約束します。この本は私の本のなかでも一番出版優先順位が高い本です。その理由のもっとも重要な一つは、世界の終わりが近づいているのかどうかについての質問を、この数年ほど頻繁に受けたことはなかったからです。

キリストの再臨は起こるのか、私たちはキリストをいつから探し始めるべきなのか、それともすでに今ここにおられるのか、もしそうでないとしたらいつ現れるのか、そして、キリストは誰なのだろうかと。またヨハネの黙示録をどのように解釈すべきなのか、携挙（注・ラプチャー。キリスト教における終末でのイエス・キリストの再臨とそれに伴う奇跡。キリスト再臨のときに死者がまずよみがえり、次に生き残っている敬虔なキリスト教徒が雲の中へと一挙に引き上げられ空中でキリストと会う。）は本当に起こるだろうか。ノストラダムスの予言では、今まさに反キリスト（イエス・キリストの教えに背き、人を惑わす者、悪魔）が私たちのなかにいると言わんばかりです。相談者から何度もこの話題が出てくると、つい私もこれらの予言が皆、本当に世界滅亡を示しているのかと考えてしまいますが、事実は違います。

私たちが不安に思う理由には、次の2つの出来事が関連しています。一つは、おそらく2000年問題のときの騒動です。弾丸をかわし、あたかも必ず起こる全面的な破壊から逃がれたものの、今は時間を借りて生きているような感覚があります。もう一つは、今世紀の変わり目に世界滅亡の危機が起こると、終末論的な本や記事、テレビの特番、教会で大流行したためであり、想像上の危機が去ってもまだ不安が人々の心にくすぶって吹き荒れています。

次の章で見ていきますが、今世紀が進むにつれて、地球上での私たちの精神性はかつてないほど強く成長していくことを私は知っています。そして人間はついに自分の内なる霊的な声に注意を払い始め、自分自身の身辺整理をするときが来たと気づきます。私の多くの相談者も、目の前の生活の心配を超えて、自分自身の霊性の将来や、現在惑星に存在するすべての霊性の将来という大きな疑問の答えを探し始めています。

しかし地球は長くは続かないという数え切れないほどの噂が飛び交っていれば、恐れる人たちがいるのは無理もないことです。心配する人々にとっては世界の終わりが近づいているという疑念をやり過ごせないため、考えないようにするしかできません。私は恐怖を共有するすべての人々のために、まずこの世界に地球市民の終わりは差し迫ってはいないことを、明白かつ具体的な証拠を挙げて述べていきます。

この本では、多くの終末予言を取り上げます。世界の終わりについては現在情報が十分に扱われておらず、別の面が必要以上に注目され不安が高まっています。本書を通じ、自分の未来を自ら導き出すとともに、後半では私の予言も交え、一緒に納得のいく答えを追求していきたいと思います。

終末予言の３つの分類

私たちが探求しようとしている終末論や終末予言は、すべてではありませんが一般的に次の３つに分けられます。千年王国説、黙示信仰、救世主信仰です。

千年王国説（ミレニアリズム）とは、「千年間」を表すラテン語の語源に由来します。地球は一連の壊滅的な大災害にさらされ、その後「救われた」人々は楽園の至福に包まれて永遠を過ごすという考え方が中心です。千年の節目に私たち皆は終末恐慌に陥るということになっており、歴史によれば、私たちだけがその精神的、感情的な罠に陥った最初の世界人類ではありません。第３章で見ていきますが、千年王国説は新約聖書のヨハネの黙示録に記述されている悪夢や政治的な随想に端を発しています。黙示録第20章１―10でヨハネは次のように書いています。

またわたしが見ていると、ひとりの御使が底知れぬ所のかぎと大きな鎖とを手に持って、天から降りてきた。彼は、悪魔でありサタンである龍、すなわち、かの年を経たへびを捕えて千年の間つなぎおき、そして、底知れぬ所に投げ込み、入口を閉じてその上に封印し、千年の期間が終るまで、諸国民を惑わすことがないようにしておいた。その後、しばらくの間だけ解放されることになっていた。また見ていると、かず多くの座があり、その上に人々がすわっていた。そして、彼らにさばきの権が与えられていた。また、イエスのあかしをし神の言を伝えたために首を切られた人々の霊がそこにおり、また、獣もその像をも拝まず、その刻印を額や手に受けることをしなかった人々がいた。彼らは生きかえって、キリストと共に千年の間、支配した。(それ以外の死人は、千年の期間が終るまで生きかえらなかった。)これが第一の復活である。この第一の復活にあずかる者は、さいわいな者であり、また聖なる者である。この人たちに対しては、第二の死はなんの力もない。彼らは神とキリストの祭司となり、キリストと共に千年の間、支配する。千年の期間が終ると、サタンはその獄から解放される。そして、出て行き、地の四方にいる諸国民、すなわちゴグ、マゴグを惑わし、彼らを戦いのために召集する。その数は、海の砂のように多い。彼らは地上の広い所に上ってきて、聖徒たちの陣営と愛されていた都とを包囲した。すると、天から火が下ってきて、彼らを焼き尽した。そして、彼らを惑わした悪魔は、火と硫黄の池に投げ込まれた。そこには、獣もにせ預言者もいて、彼らは世々限りなく日夜、苦しめられるのである。

この節を読むと、なぜ千年という文化的意義が今日まで存在するのかが容易に理解できます。聖書に対する意識がまったくない人にも、この千年王国説は関心を持って信じられています。

黙示信仰とは、神が地球に向けて一連の激変的な出来事を起こし、地上での行いに応じて人間を裁き、最終的には天地の創造主であり最高支配者としての本来の位置をとり戻すという終末論です。黙示主義のもっとも深いルーツは旧約聖書のダニエル書にあり、次に抜粋します。

わたしは夜の幻のうちに見た。見よ、天の四方からの風が大海をかきたてると、四つの大きな獣が海からあがってきた。その形は、おのおの異なり、第一のものは、ししのようで、わしの翼をもっていたが、わたしが見ていると、その翼は抜きとられ、また地から起されて、人のように二本の足で立たせられ、かつ人の心が与えられた。見よ、第二の獣は熊のようであった。これはそのからだの一方をあげ、その口の歯の間に、三本の肋骨をくわえていたが、これに向かって「起きあがって、多くの肉を食らえ」と言う声があった。その後わたしが見たのは、ひょうのような獣で、その背には鳥の翼が四つあった。またこの獣には四つの頭があり、主権が与えられた。その後わたしが夜の幻のうちに見た第四の獣は、恐ろしい、ものすごい、非常に強いもので、大きな鉄の歯があり、食らい、かつ、かみ砕いて、その残りを足で踏みつけた。…彼らの国の終りの時になり、罪びとの罪が満ちるに及んで、ひとりの王が起るでしょう。その顔は猛悪で、彼はなぞを解き、その勢力は盛んであって、恐ろしい破壊をなし、そのなすところ成功して、有力な人々と、聖徒である民を滅ぼすでしょう。…その六十二週の後

にメシヤは断たれるでしょう。ただし自分のためにではありません。またきたるべき君の民は、町と聖所とを滅ぼすでしょう。その終りは洪水のように臨むでしょう。そしてその終りまで戦争が続き、荒廃は定められています。……その時にいたるまで、かつてなかったほどの悩みの時があるでしょう。……また地のちりの中に眠っている者のうち、多くの者は目をさますでしょう。そのうち永遠の生命にいたる者もあり、また恥と、限りなき恥辱をうける者もあるでしょう。賢い者は、大空の輝きのように輝き、また多くの人を義に導く者は、星のようになって永遠にいたるでしょう。」

そして最後に、救世主（メシア。油を塗ったという意味のヘブライ語）が地球上に現れ、信仰深く敬虔な神の民を苦しみと抑圧から導き、永遠の神聖で平和な喜びへ導くことを前提とした、救世主信仰があります。救世主信仰のもっともわかりやすい例はキリスト教とユダヤ教に見られますが、他の偉大な宗教でも同様に、救世主が終末期の前に現れ、神の腕の中へと安全に届けてくれることが待ち望まれているのを見ることができます。

人類が歴史的に「世界の終わり」というテーマに魅了されてきた理由の一つは、私たちがすべて遺伝子的に永遠だという神からの約束があるにもかかわらず、意識の上では永遠という概念より、「開始、中間、終了」という現世のしくみで受け止めるほうがずっとわかりやすいからです。私たちは「向こうの世界」には時間が存在せず、永遠の「今」しか存在しないということをよく耳にしますが、実際地球上では時間に執着しているので想像ができません。

私たちは優秀な神学者や霊的指導者から、この惑星は私たちの本当の「真の故郷」ではないと言われています。神聖で幸せが溢れる「真の故郷」では、私たちが自分の体を離れて本来の場所に戻るのを辛抱強く待っていたとしても、私たちはもと住んでいた「真の故郷」がどこだったか意識の上では覚えていないため理解できません。「開始、中間、終了」に方向づけられた社会では、「いつ」や「あとどれくらい」といった時間に関連する疑問にとらわれるのも当然であり、また、私たちが地球を唯一の「真の故郷」であると思い込むのもしかたのないことです。

次の章では答えが見つかるかもしれないし、単に質問が増えるだけかもしれません。ですが少なくとも私たちは問いを投げかけることで、知りたい答えに近づけます。私たちは、人類そのものについてと同じくらい複雑で重要な、時を超越したテーマに好奇心を示しているのです。

第2章
世界の終わりと古代の信仰

物語の結末を知っていれば、特にそれが私たちの物語であればともかくも安心していられるのが、人間の紛れもない一面です。私たちが人類の歴史と地球そのものの歴史の終章までを果敢にパズルのピースとしてつなぎ合わせてきたのと同じくらい、古代文明でもパズルのピースをつなぎ合わせるためのあらゆる努力がありました。彼らは私たちと同じように、宗教的な信念や経験、手元の情報を道具として、それを解明しようとしてきました。彼らの終末のシナリオは楽観的なものから本当に憂鬱なものまで多岐にわたりますが、これもまた、語彙と細部を除いては、現在の「洗練された教養のある」理論と何ら変わりはありません。そして彼らも「どのように私たちの物語は終わるの？」という、地球上でおそらく初めてとなる問いに、私たちと同様、真摯に取り組んだのです。

インカ

南アメリカのインカ帝国はかつて地球上で最大の国であり、アンデス山脈に沿って2500マイルも広がっていました。インカ文明の起源は、神話と神秘に包まれています。1532年にスペインの征服者によって歴史の記録が破壊され、莫大な富が略奪されて以来、その記憶のほとんどは世代から世代へと口述で保存されてきました。

おそらくこの古代社会で天才的な建築によるもっとも驚異的な遺跡はインカのピラミッド、寺院、天文台などがあります。多くの文明の痕跡は権力と強欲の餌食となり突然破壊されましたが、インカ人の心は生きており、言語や宗教は自然と一体でした。自然は太陽神の手によって創られたと信じており、自分たちを太陽神の直系の子孫と考えていました。手の込んだ祭りで太陽神に収穫を感謝し豊作を祈るとともに、太陽と地球がもっとも離れている期間は太陽神に彼らと子どもたちを置いていかないように懇願しました。また輪廻転生を信じており、もっとも神聖な儀式では先祖のミイラを儀式場に運び、先人たちと崇高な瞬間を共有できるようにしていました。

1500年、スペインの侵攻でインカ文明が崩壊すると、ケロと呼ばれる難民の小部族がアンデス山脈の孤立した村に逃がれました。ケロ族は今もそこに住んでいて、年長者やシャーマンが古代の言語、歴史、伝統、予言を代々伝え、かつては広大で輝かしかったインカの世界を受け継いでいます。1996年、ケロ族の指導者と、崇敬される祈祷師、そしてその他の部族の長老が、米国への歴史的訪問に浴し、そのときに祖先の予言を含むインカに関する豊富な情報を共有しました。これらの予言のなかには、世界の終わりについてのインカの信仰を表した雄弁な一節があります。

地球の新しい管理者は西洋から来て、母なる地球に最大の影響を与える。彼らは自分たちの関係を作り直した上で、地球との関係を作り直すという道義的責任がある。

予言は、北米が体力や体を担い、ヨーロッパが精神面と頭脳を、そして心臓を南アメリカが担うことを述べている。

予言は楽観的だ。我々がすでに知る通り、時代の終わり、つまり考え方や存在の仕方、自然や地球との関わり方の終わりを示している。

これからの数年間、インカの神は我々が黄金の時代となるすばらしい平和の千年紀を迎えることを期待している。

地球や私たちの精神に激動の変化が起きており、私たちの結びつきや精神性を見直すことが急務だ。

次に世界をつくり変える者の出現と、大いなる変化の時はすでに始まっており、この混乱の時代の後に新しい人間が出現することを約束する。

黄金時代への道標となるような予言とともに、ケロ族は別れ際、次のように付け加えています。

自分の足跡を辿りなさい
川や木や岩から学びなさい
キリスト、ブッダ、兄弟姉妹を敬いなさい
大地の母と大いなる霊に敬意を表しなさい
自分自身と創造のすべてに敬意を払いなさい
魂の目で見て、必要なものに関わりなさい

マヤ

マヤ文明は紀元前2600年頃にユカタン半島で生まれ、西暦1300年頃まで繁栄したと考えられています。マヤ人は天文学、象形文字、科学、数学、芸術、農業、織物、建築、そして非常に技術的かつ複雑な暦法の作成に秀でていました。またマヤは階級別社会であり、領土の王と司祭を支配階級とし、広大な農民集団が下層階級として奴隷労働を提供していました。領土は最終的に現在のメキシコ、エルサルバドル、ベリーズ、ホンジュラス、グアテマラまで広がりました。

マヤ文明の存在そのものと同じくらい興味深いのは、文明が突然消滅したその神秘性です。まるで、1500万人の複雑で洗練された社会が、ある日突然自分たちの生活から消え去り、帰ってこなかったかのようです。今日に至るまで決定的な答えはありませんが、このような突然起こった出来事については多くの説があります。一連の干ばつが移住か餓死かの選択を住民に強いたと考える人もいます。また、農民や奴隷の反乱により、一握りの貴族が経験も専門知識もないまま土地を耕すことになり、その結果、社会は自力では支えきれずに本質的に崩壊したという説もあります。また、過剰な農業活動によって土壌の枯渇が深刻になり、農地を得るために中米の豊かな森林を伐採して「焼き畑」を行った結果、ついに土壌破壊を招き、命を支えている土地が失われたというものです。そのほか、致死性の高いウイルスがマヤを襲ったと考える人もいれば、人口過剰が原因だと考える人もいます。

さて、何世紀にもわたって生き残ってきたのは、魅惑的でとても複雑なマヤ暦です。この暦は260日間の周期で構成されており、日ごとに20の名前がそれぞれの記号で表されています。マヤ暦の日付は「1」から「13」までの番号が付けられていますが、20個の名前があるので、13日の期間が終わると、次の日はまた「1」の番号からはじまります。また、暦には月に名前が付けられた太陽年の記録があり、太陽年の18か月に続き、縁起が悪いとして名前が付けられなかった5日間の月が含まれます。

私はマヤ暦の複雑さを解読できるふりをするつもりはありません。そのかわり、誰もが解読できる要素として、この暦が2012年12月21日に終わることに焦点を当てたいと思います。このことが具体的な「破滅」の予言として恐れられ、人々に世界の終わりを確信させた原因です。

しかしマヤの文化では、世界の激変的な滅亡が２０１２年12月21日、あるいは２０１２年の冬至に起こるということを決してほのめかしてはいません。マヤの予言は、世界がその日に別の時代へと移行することを示しているのであって、その移行が暴力的かつ劇的な変化を伴うのか、それとも単に優雅で平和な平穏を伴って進化するのかは、人類の選択だとしています。

マヤいわく、５１２５年ごとに地球は一つの周期が終わり、別の周期が始まります。５つの周期があり、それぞれがほぼ1日24時間の経過に対応しています。地球の最初の周期は太陽系が宇宙の中心の光にちょうど近づくときで、銀河系の朝に相当します。

第２周期目は正午で太陽系が宇宙の中心の光へ最接近しているときです。

銀河系の午後である第３周期目は太陽系が中心の光から離れ始めたときに起こります。

第４周期目は、太陽系が中心の光からもっとも遠くなったときで、夜に相当します。

第５周期目は、夜明け前のもっとも暗い闇の周期で、私たちの太陽系は光のない状態から遠ざかり、再び朝の最初の周期に向かいます。

マヤの予言は、太陽系がその第５周期である１９８７年の「夜明け前の闇」をゆっくりと終えつつあり、２０１２年に到着する第1周期の朝に向かって進んでいることを示しています。今からその時までの短い年月をどのように使うかによって、「朝」の切迫した誕生が破壊的であるか生産的であるかが決まります。否定的な考えや暴力、強欲さ、残虐さ、権力への欲望、自然とその神聖な生き物たちへの組織的な虐待は、5周期目から1周期目への移行を確実に破滅的にしてしまいます。

しかし私たちが、地球の自然とすべての生き物への尊敬と思いやり、敬意や団結、慈悲の心を世界規模で育てようとするならば、真の黄金時代へと向かうことができるのです。

マヤの約束である２０１２年は地球上の私たちに大きな変化をもたらすでしょう。どのような変化をもたらすかは、私たち次第です。

アトランティス

マヤの伝説によると、第４世界（周期）の終わりと第５世界の始まりは、偉大な大陸アトランティスの沈没とともに、紀元前３１１３年８月12日に起こりました。アトランティスは、ギリシアの聡明な作家で哲学者のプラトンによって初めて文献で示されました（紀元前４２８～３４８年）。対話篇ティマイオスとクリティアスには、アトランティスが約９０００年前に津波や地震で破壊された「ヘラクレスの柱の外側のどこか」だったと言う登場人物がいます。対話によれば、ソクラテスは理想的な社会について話しており、それを受けてティマイオスとクリティアスが２人とも、古代アテネ人とアトランティス人との間の衝突を「作り話ではなく実話」としてソクラテスに話しています。

プラトン以来、アトランティス人の起源と文明は言い伝えをもとに徹底的に研究、探求されてきました。さまざまな情報源から、彼らが５万年以上前に地球にやってきた地球外生物だということを確信させます。彼らは人間の姿をしており、肌は白く、平均身長は7フィートから10フィートの巨人でした。発掘調査では、その高さ以上に成長した種族の存在を確認する骨が出土しています。

アトランティス人の寿命は約８００年と言われており、それは彼らが今日でも私たちをはるかに超えた驚異的な技術を開発する時間を持っていたことの説明になるかもしれません。アトランティス人は天候を完全にコントロールすることができました。そして刺激に飢えており、娯楽のために激しい嵐を作り出すことに特別な喜びを感じていました。火山泉、間欠泉から鉱泉まで、地質学的な「特殊効果」を作り出すこともできたし、何よりも息をのむような発明をしたかもしれません。そして彼らは「閾値技術」と呼ばれるものを発明しました。これは我々が時空の連続体と考えているものをエネルギー源に変換する装置です。

ですがやはり、アトランティスでもっとも一般的なエネルギー源の一つといえば水晶です。水晶の面に向けられた光のビームを伝達し、増幅する能力を持つことが知られています。アトランティス人は単にその作用を拡大するだけで基本的なエネルギー需要をまかなうことができ、さらには作物の収穫能力向上や、人々の身体的発達や精神的能力の向上、そしてかなり高齢にもかかわらず、若々しい外観を保つために利用できました。

アトランティスの魅力については、天才霊能者で予言者のエドガー・ケイシーによって広く知られるところとなりました。ケイシーについては後の章で詳しく取り上げますが、アトランティスにおける前世での生活を詳細に描写したリーディングのなかで、ツーオイ石、または火の石について言及しています。この偉大な結晶は、太陽、月、星、大気循環、地球そのものから「充電」できるように、開閉式の屋根を持つ建物に収容されていました。そして大陸や上空、地下にあるあらゆる形態の技術機器に動力を供給することができました。アトランティス全土で、必要とされればどこにでも広域への音声・映像を送信でき、熱と光を供給することができました。

ケイシーや他の学者たちによると、アトランティス人に恵みを授けていた偉大な結晶が、最終的には彼ら自身の滅亡を招いたとされています。彼らは自分たちの力と、彼らが作ったこの空前のエネルギーの力にどんどん執着するようになり、水晶をより高い周波数に「同調」させ始めた結果、山が崩壊して火山は噴火し、大陸が自らの上に落ちて大西洋に沈むことになりました。

アトランティスが今世紀中に再び海中から出現するまでは、存在が完全に認められることはないでしょうが、懐疑論者が主張するほど架空のものではありません。たとえば、アメリカ地質学会会報の1954年号で沈水した中部大西洋海嶺の頂上の探検について次のように報告されています。

石灰岩の石灰岩化の状態は、それが空中の（すなわち、水面上、地表上）状態の下で石灰岩化されたかもしれないことを示唆している。とすると海山（頂上）は過去1万2000年以内には島だったかもしれない。

その後、一連の衛星写真が公開され、ディスカバリー・マガジン誌の1996年3月号の記述です。

中部大西洋海嶺は、グリーンランド沖からホーン岬の緯度まで海の中央を縫うように蛇行している…南アフリカでは、南西インド洋海嶺がインド洋に注ぎ込んでいる。それはあたか

も燃焼するロケットや、または巨大で漫画のような深海モグラたちの痕跡のようだ。

おそらくアトランティスの滅亡という出来事は、周期ごとに世界の移行があるとしているマヤのもっとも神聖な信念を成り立たせる、歴史的記念碑として不可欠なものであり、その意味でマヤ人はアトランティスの存在を信じてきたのでしょう。

アステカ

もう一つの、力強くて今は滅亡した戦士の文明であるアステカ帝国は、12世紀頃メキシコ渓谷の中心で始まりました。アステカ帝国の初期の歴史は紙に書かれたものではなく、口伝によって次の世代に伝えられたものです。ですから、その起源を正確にたどることはできません。

伝説によるとアステカ族はアストラン島から来たとされています。しかしアストランが実際に存在した場所かどうかについては推論の域を出ません。それはキャメロット（アーサー王の伝説の王国の都）やアトランティスの失われた大陸と同じくらい神話や謎に包まれていると言えるでしょう。

アステカ族の移動に関する文書によると、アストランは鷺の大群が生息している湖に浮かぶ島と記されており、島の中央には7つの寺院がありました。ユタ州のアンテロープ島にある7つの洞窟が古代アストランの存在した確証だと言う人もいれば、アストランが最終的にフロリダやその周辺で発見されるだろうと信じる人もいます。しかしメキシコの国立人類学歴史研究所のジーザス・ジャウレギは、「アストランは歴史的な場所ではなく、神話的な場所です」とはっきりと述べています。今も討論や捜索活動が続いています。

アステカ族が14世紀、族長テノクによってメキシコ渓谷に導かれてきたことは間違いありません。テノクは軍神ウィツィロポチトリに命じられ、未開で野蛮な人々をテスココ湖の沼地の島の隠れ家に連れていきました。そこで彼らは都市を建設し、ウィツィロポチトリを称えるために人間を生贄として捧げました。これはアステカ族には珍しくない慣習です。テノクの街は、このような沼地の厳しい環境に建設され、テノチティトランと呼ばれました。この過酷な始まりからアステカ帝国は根を張り、１５２０年ごろまで繁栄しましたが、そのころコルテス率いるスペインの征服者たちがアステカに侵入し征服しました。その過程でアステカ族の痕跡はすべて破壊されました。

アステカ族は、マヤ族と同じように、天文学に基づいた非常に複雑な暦制度を開発しました。「５つの太陽の伝説」と呼ばれるものを信奉し、それぞれが自らの歴史における時代を表しています。それぞれの太陽が生きている間、地球は平和に繁栄し、新しい生命に満ちています。しかし太陽が死ねば、世界は破滅的な混乱に陥り、神々は地球の破壊を経て再生します。

最初の太陽は「貴石の太陽」と呼ばれ、夜の神で北の神であるテスカトリポカの命令でジャガーによって破壊されました。テスカトリポカは発煙して敵を殺す魔鏡を持っていたとされ「燻し鏡の神」とも呼ばれました。第2の太陽は「暗黒の太陽」として知られており、その死によって生命は空の創造者であり神でもあるケツァルコアトルによって呼び寄せられた巨大なハリケーンによって破壊されました。第3の太陽は「火の太陽」で、すべての生命を育むものでしたが、テスカトリポカによって送られた火で絶滅しました。第4の太陽は「水の太陽」で、その死によって、巨大な洪水が世界を破壊しました。この洪水は雨と豊穣の神トラロックから来ており、アステカ族は子どもたちが溺れて犠牲になることを恐れていました。

アステカの暦によると、私たちは今、「動きの太陽」の中にいて、太陽の神であり旭鷲であるトナティウによって統括されています。トナティウは最終的には世界を真っ二つにする激変的な地震を引き起こすと言われています。

アメリカ先住民（ネイティブ・アメリカン）

何千年も前からいる真のアメリカ先住民（ネイティブ・アメリカン）は、今でも本当に実在しています。自然と母なる大地との崇高な関係について聞かせてほしいと頼めば彼らの物語を語ってくれるでしょう。アメリカ先住民の起源は議論の的であり、彼らがどこから来たのかについては専門家の間で意見が分かれています。

有史以前にアジアからベーリング海峡を経由して移動したという説から、失われた大陸アトランティスの破壊から逃れたという説までありますs。しかし、1492年にクリストファー・コロンブスがサンサルバドル島に間違って到着し、茶色の肌に黒い髪の先住民が出迎えたとき、彼が無事インド行きの旅を終えたと確信したことは間違いありません。彼はこの人たちを「インディオ」を呼びました。これはインド人を指すスペイン語なのですが、こうしてこの文化的名称が生まれました。

アメリカ先住民の多くの部族にはそれぞれ独自の歴史、言語、儀式、予言があります。それらはすべて地球との精神的なつながりについてのものであり、地球の信頼を人間が精神的に結べるかどうかに左右されます。地球の存続は、畏敬すべきすべての自然に対して人類が敬意をもって接することを学べるかどうかにかかっているのです。

ホピの予言

1959年から広まった素晴らしい話が、1963年に出版された『Book of the Hopi』のなかに語られています。1958年、デイヴィッド・ヤングという牧師が猛暑で息が詰まるほどの砂漠を車で走っていると、道端でアメリカ先住民の長老を見かけました。ヤング牧師は車に乗せようと停車すると、長老は黙って車に乗り込みました。2人は数マイルの間、無言で車を走らせていましたが、やがて長老が語り始めました。ヤング牧師はこの風変わりな人の話に耳を傾けました。

私はホワイト・フェザー。古代のクマの一族であるホピ族…。東には森や多くの湖があり、

北には氷と長い夜の国があり、南には父祖たちが何年も前に建てた石の聖なる祭壇がある…。私は過去の物語と未来の予言を聞いた。今日では予言の多くは物語に変わり、ほとんど残っていない。過去は長くなり、未来は短くなる。

我が国の民は皆、パハナという失った白人のことを待っている（ホピの伝説によると、パハナの地球への帰還は第5世界の始まりを示す）。パハナは私たちが知る残酷かつ貪欲な白人とは違う。私たちはずっと前に彼が来ることは聞いていた。今もなお私たちはパハナを待っている…。

第4世界はもうすぐ終わり、第5世界が始まる。これはどこの長老も知っていることだ。長年にわたる兆候（お告げ）が成就し、あと僅かを残すのみとなった。

最初の兆候は、白い肌の男たちの到来だ。パハマに似ているがパハマとはほど遠い人間。男らは他人の土地を奪い、雷をもって敵を攻撃する。

第2の兆候は、我々の土地に声に満たされた糸車がやってくる。若いころ、父はこの予言が現実になるのを見た。白人が家族を連れて大草原を荷馬車で横断するのを。

第3の兆候は、バッファローのような奇妙な獣が大きく長い角を持って、大地に大量に群がる。ホワイト・フェザーは目にした。白人の家畜の到来を。

第4の兆候は、大地を鉄の蛇が横切る。

第5の兆候は、大地に巨大な蜘蛛の巣が張り巡らされる。

第6の兆候は、大地が太陽の中に絵を描く石の川によって縦横に結ばれる。

第7の兆候は、海が黒くなり、それによって多くの生物が死んでいく声を聞くだろう。第8の兆候は、私の国のように髪を長くしている多くの若者たちが、自分たちのやり方や知恵を学ぼうと部族国家にやって来る。

第9の、そして最後の兆候は、天の居住空間が大きな衝突とともに地球に落下する音を聞くだろう。この後すぐに青い星が現れる。そして我が民族の儀式は終わるだろう。

これらは大きな破壊が近づいている兆候だ。世界は揺れ動く。白人は、知恵の最初の光を宿す異国の民と戦う。ホワイト・フェザーは見た。ここからそれほど離れていない場所で白人が巻き起こすのと同じような煙と炎の柱が砂漠にたくさん立ちのぼるだろう。来る者だけが病気と大いなる死をもたらす。

わが民の多くは、予言を理解していれば安全だ。わが民の場所に滞在して生活する者は安全だ。再建すべきことがたくさんある。その後ただちにパハナは戻ってくる。彼は、第5世界の夜明けをもたらす。彼は皆の心に英知の種を植えつける。今もその種は植えられ続けている。それらは第5世界への道を円滑に導くだろう。

ヤング牧師と長老のホワイト・フェザーは、その後、二度と会うことはありませんでしたが、特別な経験とそこから生まれた予言は、現代のホピ伝説の一部となりました。多くの通訳者によると、ホワイト・フェザーが予言した兆候は次のようなイメージです。

最初の兆候「雷」は銃のこと。

第2の兆候「声に満たされた糸車」は屋根付きの馬車で入植者が到着したことを示す。

第3の兆候「バッファローのような大きな長い角を持つ奇妙な獣」は、新しく入植した南西部や西部でのロングホーン牛の増殖を示す。

第4の兆候「鉄のヘビ」は、線路を示す。

第5の兆候「巨大なクモの巣」は、電力線を示す。

第6の兆候「石の川」はコンクリートの高速道路であり、「太陽の中の絵」は熱い太陽が歩道に降り注いだときにできた蜃気楼の可能性が非常に高い。

第7の兆候「黒くなる海」は、油流出による破壊的続発を示す。

第8の兆候「髪を長くした若者」と「部族国家に加わってそのやり方や知恵を学ぶ」は、1960年後半と1970年初期のヒッピー運動と、ヒッピーがアメリカ先住民とインディアン両方の文化に興味を持っていることを示す。

第9の兆候「大きな音を立てて地球に落下する居住空間」は、1979年に地球に墜落した宇宙ステーション、スカイラブの惨事を表す。

ナバホ

ナバホ族の素晴らしい作家レイ・ボールドウィン・ルイスは、「万事終われば」という短編小説で、ナバホ族の予言や信念を美しく描写しています。その一部です。

鳥は皆、地に住み着く。アナグマは角を生やし、風は止まず吹くだろう。人々は氏族内だけでなく他の部族とも結婚する。声は聞こえるが、多くの人が聞くには弱々しすぎる。敵は人民の砦ナバホに侵入する。そして、すべてのものが終わりを迎え、すべての世代が出会うときとなる。

しかしまず4つの大きな出来事が起こる。ラバは自身の種を生む。白い髪と歯を持つ赤ん坊が生まれる。飢饉が起こり、多くの人が苦しむ。稲妻が東から西の空を横切って飛んでいく。これらのものはすべてのものが終わりに近づいている兆候だ…。

将来を予見していた老人たちは、子どもたちに自分たちの伝統を守り、自分たちの宗教を捨てないようにと教えた。注意しなければそれを失う日がやって来ると…。

私は医術師からの予言を聞いた。彼の薬袋は、昔のように力がなくなり、顧みられなくなり、捨てられる。それがなければ民は失われ、敵に対抗する力を持たなくなる。

古代ナバホの聖歌の解釈によると、「終了時刻」はこの惑星の破壊をもたらすものではありません。大いなる精霊が地球に戻ってくるとき、新しい世界の夜明けとなります。精霊は人々の精神に新しい生命を吹き込みます。地球上のすべての人々は一つに溶けこみ、お互いを愛します。人類はもはや世界の苦悩や危険に脅かされたり影響を受けたりすることはありません。そして、喜びに満ちた新しい宗教が地球全体に広がるでしょう。そしてこの星は、時代を超えて受け継がれてきたこれまでの宗教について、偏見や恣意的な法律を一切排除した星となっているのです。

ラコタ

滅亡を避けるために、人類がこの瞬間からもすぐに地球を大事にしなければならないことが、ラコタの予言の一節に美しく表現されています。予言には、多くの部族から太古の地球外の祖先であると信じられている「星の民」と、地球上の名前である「聖母」のことが記されています。

あなたが隕石と呼ぶ「星の民」は、助けを求める「聖母」の声に応えてこの地球にやってくる。私たちはみんな親類なのだ。星の民は人であり惑星であり他の天体でもある。

聖母は命を求めて叫び、隕石は彼女の叫びを聞き、助けを求める彼女の声に答えるだろう。隕石は外的なことだけでなく、内的なこともたくさん起こるほどの力で地球へ衝突する。衝突の結果、地球は動くだろう。そうすることで、すべての生命の源である聖なる火が聖母の体を通って移動する。

雨は降り方を変え、風は進路を変え、３００年間存在していたものはもはや存在しない。そして夏のあるところには秋が来、秋があるところには冬が来るだろう。冬のあるところには春がくる。

動植物は混乱し始める。あなた方には理解できない大きな災いが起こるだろう。疫病の多くは科学者たちが意図を間違えて生まれる。科学者は、これらの怪物を陸に放つ。あなた方が聖母の自浄連鎖を乱したことによって、これらの疫病は、水、血、そして食べ物を通して広がるだろう。

この土地に住めるようになった者たちだけが聖域をみつける。鷲が飛ぶところ、狼が歩き回るところ、熊が住むところへ。ここでは動物たちはいつも、水が澄み空気が吸える場所に行くことができ、あなた方は生きることができる。木々の内に生きろ。この地球の肺であり、空気を浄化する木々の内に。気候の向こうに時の到来がある。身体的世界と精神的世界の間の覆いは薄くなる。

ロウアー・ブルール・スー

ロウアー・ブルール・スー族の予言では、自然の神聖さについて述べるとともに、自然をないがしろにすると自分自身を危険にさらすということや、宇宙の生命の永遠のサイクルのことについて示しています。

もう後戻りはできない。その2本足の男は地球上に破滅をもたらしつつある。前にもあったことであり、また起こるだろう。聖なる輪はすべてのものが円になっていく様子を表している。古いものが新しいものになる。新しいものは古いものになる。すべてが繰り返される。

白人には文化がない。文化は地球に根付いている。文化を持たない人々はあまり長く存在しない、自然が神なのだ。自然とのつながりがなければ、人々は惑い、否定的になり自滅する。初めのうち私たちも一つの心、積極的で美しい心を持ち、至るところで美しさを見ていた。

チェロキー

チェロキー族は非常に精神的な文明を持ち、毎朝、人間は創造主、母なる大地、父なる空、すべての親族、そして4つの神聖な方向に感謝を捧げることを信条としています。東は大地から育つ栄養と癒しの守護者、南は風、空、空気の守護者、西は生命を与える水の守護者、北は火の守護者です。チェロキー族にとって、すべてのものはつながっており、すべてのものには目的と、神聖な生命の火花が宿っています。そして死後、魂は地上次元で必要なときに見ることができる精霊として生き続けることを選択できると信じています。死は存在せず、言い換えれば創造主である大いなる精霊によって与えられた永遠の循環だけがあります。

チェロキー族は長老たちの予言をとても大切にしており、部族の尊敬される長老たちによる豊かな口伝によって、世代から世代へと受け継がれてきました。

◇黒いリボンが大地にかけられ、虫がリボン越しに動き始める。地球がすぐに激しく揺れ、虫が空中に投げ出されて飛び始める合図がある（黒いリボンは最初の道路であり、その上を

移動する虫は、1908年に初めて量産された自動車であると考えられている。その後間もなく激しい地球の揺れである第一次世界大戦によって「虫を空に放り投げた」つまり飛行機の普及が始まった)。

◇クモの巣のようなものが世界中に作られ、それを通じて人々が話をする(この予言から数百年後、電話線は地球上のほぼすべての場所に敷設された)。

◇東の生命の兆候が横向きになり、死に取り囲まれ、ある日、太陽が西に昇り、最初のものよりさらに激しい地球の揺れをもたらした(生命の印である十字架を横向きにしてナチスの鉤十字にしたり、日本帝国の象徴を旭日旗にしたり、第二次世界大戦での地球の「激しい揺れ」は、第一次世界大戦よりもさらにひどいものだった)。

◇灰の瓢箪が空から降ってきて、その通り道にあるすべての生物からより多くの灰を作り出し、何年もの間、新たな成長を妨げることになる(原爆はその描写にぴったりだ)。

◇鷲はいつか夜に飛んで月に落ちるだろう。(1969年、宇宙飛行士ニール・アームストロングによって、宇宙船アポロ11号が月面に安全に到達し、NASA制御室へ「鷲が上陸した」という簡単な言葉で発表した)。

◇東に家が建てられ地球上のすべての民族を歓迎する。太陽が砂漠の雲母に反射しているかのように輝く(1945年に設立された国連は、1952年に本部をサンフランシスコからニューヨーク市の輝く黄金の一枚ガラスの所〈シャガールのステンドグラスか〉に移した)。

◇最初の2回の地球の揺れの後、兄弟姉妹家族が一緒になる機会を逃がせば、地球は今まで以上に激しく3度目の揺れを受けることになる。

チェロキーの予言の核心には、魂とは種子の形で星から来て人類として生まれ、光と知識をもたらし、彼らが死ぬと同じ魂が天に戻って星になるという信念があります。チェロキー族の長老のなかには、祖先はすべて伝説上の星群プレアデスからの旅行者だったと教える人もいます。プレアデス星系は、もっとも貴重で有名なチェロキーの予言に出てくる天空の星座です。「ガラガラヘビの予言」でよく知られており、2012年のチェロキー暦の終わりに向けて進化している星座です。言うまでもなく、チェロキー暦とマヤ暦が同じ年に終わるのは偶然ではありません。

南米のいくつかの古代インディアンの文明にとって、創造神ケツァルコアトルの到来は「終わり」を意味します。しばしば描かれるケツァルコアトルの姿は、夜空で見守る羽の生えたガラガラヘビの姿とよく似ています。チェロキー族にとって、2012年の「終末」はすべてが生まれ変わることを意味しています。

スー族と白いバッファローの女

「白いバッファローの女」の伝説は、スー族の遺産そのものです。この伝説は、世代から世代へ、スー族の長老や医学者たちを通じ数百年にわたって語り継がれており、戦士の種族が持つ深い精神性、地球と全人類への予言を次のように表しています。

誰も知らないくらい昔のある夏に、オセティ・サコウィンと呼ばれるスー族の神聖な評議会が野営で参集された。日差しが安定しているにもかかわらず勇敢な者たちは狩りをする機会がなく、土地中の人々は飢えていた。評議会では毎日、狩猟動物を探すために斥候を派遣したが、何も見つからなかった。酋長のスタンディング・ホロウ・ホーン（直立する中空の角）は、ある朝、夜明けとともに若い勇者2人を狩りにやった。スー族には馬がなく、2人は徒歩で進んだが、周囲に何も見つからなかったため、近くの高い丘に登って広大な田園風景をもっとよく見ようと決めた。

緑の丘を登っていると、遠くから近づいてくる人影に気づいた。歩くというよりも浮いているため聖者に間違いなく、近づくにつれてその小さな姿はきらびやかな美しい女性であることがはっきり分かった。黒い目は力に満ち溢れて輝き、長い黒髪は一本だけバッファローの毛皮で優雅に後ろに結ばれ、ほかは背中に自由に流れ落ちていた。頬骨には赤の円が描かれ、肌の色の半透明な褐色との対比が鮮やかだった。輝く白い鹿皮の服には、この世のものとは思えないほど強烈な色で神聖なデザインが刺繍されており、手には大きな包みを持っていた。

勇者が純然たる畏敬の念から黙ったままになると、白いバッファローの女は彼に黒い瞳を向けて言った。「この困難な時期に、バッファローの国からの伝言と聖なる贈り物を持ってきました。野営に戻って私の到着に備えなさい。族長は24本の柱で支えられた薬小屋を建て、私を迎えることを聖なることとしなさい」

4日後、彼らは太陽がきらめくのを目にした。輝く白いドレスの色が小さく近づいて見えてきて、やがて2人の目の前には神々しい白いバッファローの女が立っていた。

女は自分に続いて薬小屋に入るよう彼らに身振りで合図し、チャヌンパと呼ばれる聖なるパイプを取り出して、集まった群衆に差し出した。柄は女の右手に、丸いボウルの部分は左手にあった（チャヌンパはその日以来、スー族によって保管されている）。

彼女は集まった群衆に向かってパイプを握り、言った。

「この聖なるパイプは、私たち全員を〈聖なる下の世界〉と〈聖なる上の世界〉に結びつけている。汝の足が大地に植えられ、パイプの柄が空に向かって伸びるとき、汝は生きた祈りとなり、大地と空、2本足や4本足、翼を持つもの、四肢がないもの、これらすべての生き物と木々や野草、風の精霊の動きでしなる草をつなぐかけ橋となる。すべては関係しており、一つの家族であり、このパイプの形でつながっている。このボウルの石はバッファローで、赤い男の肉と血だ。バッファローは四つ足で立っており、宇宙の4つの方向と人間の4つの時代を称えている。大いなる精霊は、水をせき止めるために西方にこの世界を創った。精霊は毎年髪を失う。4つの時代のそれぞれで足を失っていく。バッファローの毛と足がなくなり、大地を覆う水を止めることができなくなったときに聖域は完成する」

それから彼女はパイプをホロウ・ホーン酋長に差し出して言った。「この神聖なパイプに敬意を払えば、道の果てまで安全に見届けてくれるだろう。私は一世代に一度は会いに来よう」

そして、彼女は自分が来たのと同じ方向へと野営を去っていった。

多くのアメリカ先住民部族は、創造のときに天地創造の主神に与えられた「聖なる教え」のリストを受け入れ、崇拝しています。これらの指示に従うことで、創造主の意図した生命のサイクルである聖なる輪を永続させることができるというのが彼らの信念です。リストは非常に雄弁かつ簡潔であり、私たちの誰もが恥じ入らずにはいられません。文化や宗教にかかわらず、これらの教えに従うのはたやすいことです。なぜなら地球を救う可能性と引き換えに求められていることなどほとんどないからです。

◇母なる大地と違う肌の人間を大切にしなさい。
◇母なる大地と創造とを敬いなさい。
◇すべての命を尊重し、その名誉を支えなさい。
◇すべての命に心から感謝しなさい。生きることで生き延びることができる。すべての生命のために、常に創造主に感謝しなさい。
◇愛を表現しなさい。
◇謙虚になりなさい。謙虚さは知恵と理解の賜物である。
◇自分自身にも他人にも親切にしなさい。
◇感情や個人的な心配事、約束を共有しなさい。
◇自分自身にも他人にも正直であれ。
◇これらの聖なる教えに責任を持ち、それを他の国々と分かち合いなさい。

アボリジニ

オーストラリアのアボリジニは1万8000世代以上も前から地球上に住んでいたと信じられています。彼らは古くから遊牧民であり狩猟民であり、収集家であり、旅をして氏族で住み、自らの文化、伝統、信仰を子孫に伝えてきました。

アボリジニは自然を尊び、年長者と先祖を敬います。そして生活の実践的な面と精神的な面のバランスを保つよう熱心に取り組んでいます。

アボリジニは「ドリームタイム」と呼ばれる華麗な神話を信奉し、信仰の中心にしています。ドリームタイムとは、アボリジニの生活でもっとも神聖でありながらもっとも世俗的なあり方で織り成されており、アボリジニの霊的な祖先が荒れ果てた土地を移動し、その土地に物理的な形と神聖な法則を与えた創造の時間の核です。

虹蛇がいて、巨大な体で川や谷を形作りながら地球の至る所をのたうち回りました。太陽の女ビラは火で世界を照らしていました。クドナとムーダという2匹のトカゲのような生き物がいて、ビラを破壊しました。2匹は太陽の女を殺して作った暗闇におびえ、ブーメランを空に向かって四方八方に投げ始め、光を取り戻そうとしました。クドナのブーメランが東の空に飛んでくると、光り輝く火の玉が現れました。火の玉はゆっくりと空を横切り、再び西の地平線を越えて消え、昼と夜が生まれました。

アボリジニの神話に登場する数え切れないほどの精霊とその物語は、2つの精巧な土台の上に成り立っています。一つは、古代文明が畏敬するすべての自然、もう一つは人間がこのような神聖な創造物のなかで生活し、奉仕できることを特別な計らいと考える信念です。ドリームタイムは、アボリジニの過去、現在、未来の現実であり、はるか昔に完成したものです。それは継続的な意識と責任を表しており、無視すると悲劇的な結果をもたらします。

オーストラリアのアボリジニ部族の長老グブー・テッド・トーマスによる予言書は、本としてまとめられるまでは口頭で保存されており、深い簡潔な信仰や終末についての展望を示しています。

私はドリームタイムの中にいる。
この大いなる波が進んでいるのが見える。
私はこの波について人々に話す。
それは津波ではない。
精霊の波である。
ドリームタイムはそのようなものだと信じている。
我々が「夢」を見ているときに、オーストラリアで再生が始まると信じている。
私が話しているのは蜂の羽音のことであり、愛のことだ。

我々はお互いに愛し合うことを学ばなければならない。
知っての通り、これは本当に地球に起こることだ。
津波が来る。
地震がある。
それは、我々がこの土地を母と思っていないからだ。
バランスを奪ってしまったので、元には戻せない。
茂みを見ると、木々は生きている。
それらは死んでいるのではなく、生きている。
木々はあなた方に抱きしめて欲しいと思っている。

北欧神話

宇宙の終わりを告げる北欧神話、あるいは「神々の破滅」（これでも控えめな表現です）を意味する「ラグナロク」ほど色彩豊かで複雑な終末予言はありません。北欧神話は、キリスト教以前の北ゲルマン人、ヨーロッパ人、スカンジナビアのアングロサクソン人の信仰に起源を持っています。

フィンブルの冬が到来すると、想像を超える過酷な冬の突風が3年間吹き荒び続ける。冬の間の容赦ない不幸のために、人々は反目し、戦い、道徳のかけらもなくなっていく。これは終わりが近づいていることを示す最初の兆候だ。

次にスコルという名のオオカミがやって来て太陽を貪り食い、弟のハティがすぐに月を食べ、全世界が暗闇に沈む。3羽の鶏が鳴いて神々と大地の巨人を召喚し、死者が目覚める。地球は巨大な地震でガラガラと鳴り始め、山を倒し、地獄の底から死者の船を解放する。ロキ（注・姦計と知略の神）が舵を取り、そばには息子フェンリルと、巨大な口を持つ別のオオカミがいる。

海は激しく渦巻き、巨大な毒蛇ヨルムンガンドは怒りに身悶えしながら、ヴィーグリーズと呼ばれるノルウェーの戦場に向かう。そこで集結した戦闘員たちによる地球上の最後の戦争が始まる。

津波は、停泊中のナグルファルという船を海から解放し、巨人ヒュミルが指揮を取ると巨大な船が戦場に向かって出航する。

南から別の巨人の軍団が来て、火の巨人スルトに率いられ、太陽よりも熱い行く手のすべてを焦がす剣を携えてヴィーグリーズに行進する。

光の神であるバイキングのヘイムダルは、四方八方から戦士たちが近づいてくるのを見て、神々を呼ぶために角笛を鳴らす。北欧の最高神オーディンと雷神トール、オーディンの息子たちと、他の天上の英雄たちは黄金の鎧をまとい、見事な白い馬に乗って戦場に現れる。

すべての神々、巨人たち、悪魔たちが死の運命にある広大なノルウェーに参集し、死闘を演じ続ける。

オーディンとフェンリルはすぐにお互いを攻撃し合い、長い間戦い続ける。

トールは毒蛇ヨルムンガンドを襲って殺すが、ヘビの毒がゆっくりと確実にトールの息の根を止めていく。

火の巨人スルトは武器を持たない太陽と雨の神フレイを見つけ、すぐに打ち砕く。

雄々しく誉高い片腕の神テュールは、冥界の入口を守る巨大な猟犬ガルムと戦うが、2人とも戦闘中に死んでしまう。

永遠の敵同士であるロキとヘイムダルも生き残ることができない。ついに、オーディンとフェンリルの戦いは終わり、邪悪な狼がオーディンを捕らえて飲み込んでしまう。

激怒したオーディンの息子ヴィーザルはフェンリルを素手で殺す。

スルトは最後の狂気を爆発させ、まだ生きている誰もが炎の中で死ぬまで全世界のすべてに火を放つ。

そして地球上のすべての陸地は海に沈む。

しかし、それで終わりというわけではない。

天国には世界樹、またはユグドラシルというとても特別な木がある。この木には、地球上に存在し、これからも存在するすべての生き物の根本要素が含まれている。世界が破壊されている間、2人の人間の男女、リーヴとリーヴスラシルは、ユグドラシルの友好的な枝に隠れて生き延びる。オーディンの兄弟や息子、トールの息子など、神々のなかにも生き残ったものがいる。

美しく浄化された新世界が海から昇り、太陽と月が生まれ変わるとき、リーヴとリーヴスラシル、生き残った神々はそれを歓迎し、喜んでそこに居を定める。新世界には悪がなく、穏やかな調和のうちに繁栄し、リーヴとリーヴスラシルの子孫は再びだんだん殖えていく。

以前の世界に住んでいた者たちは、スルトの火で死んだか国や大陸が沈んで溺れたかのどちらかだが、彼らの魂は不滅であり、もし彼らが生きている間に善良な民であったのならば、ギムレー（注・広場）で神々に囲まれて生きているかもしれないが、もしそうでなければ、彼らはナーストレンド（注・死者の世界）に追放される。そこは完全に生きた猛毒ヘビで作られた壁と屋根を持つ、恐ろしい悪夢の地下牢である。

実を言うと、世界の終わりを説明するために、ノルウェー人が考え出したこの途方もない一連の物語について、私は何度も吹き出してしまったことを認めます。それからカトリック学校で黙示録について教えられたことを思い出しました。北欧人も、王冠をかぶったイナゴが、額に神の印がない者を拷問するために底なしの穴からわき出てきた話にクスクス笑っていたのではないかと思います。ですが不意に私は、巨大な津波の原因となるヘビや太陽を食べるオオカミのことを笑う余裕がなくなりました。そして気付いたのです、私たち人間は今までも、そしてこれからもずっと、理解し得ないことをできる限り組み合わせて理解しようとしているのだということを。

第3章
世界の終わりとキリスト教、ユダヤ教、カトリック

世界の宗教は私の情熱をかきたてます。大学で勉強して以来ずっと学び続けています。この情熱の種はきっと幼少時に蒔かれたものでしょう。家族にキリスト教、ユダヤ教、カトリックの影響が混ざり合っていたことで、私は人間が創造主を定義し、手を差し伸べて崇拝するさまざまな方法についてて心を開き、愛に満ちた好奇心を育んだのです。

次に紹介する3つの美しい信仰は、伝統から歴史的な出来事の解釈、また地球上の生命や地球がどのように終わるのかに関して、人々が抱いている信念はそれぞれ違いますが、どれも劣らず魅力的です。

キリスト教

「終末論」という言葉は、メリアム・ウェブスターの大学生用辞書では「世界または人類の歴史における最後の出来事に関係する神学の一派」と定義されています。「死、世界の終わり、または人類の最終的な運命に関する信仰、特に再臨、死者の復活、最後の審判に関するキリスト教のさまざまな教義のいずれか」となっています。この終末論については、聖書が書かれてから何千年も経った今でも世界中の神学者によって議論されています。旧約聖書にも新約聖書にも世界の終わりについての予言が豊富に記されており、明晰な文章から一見論理的に見えるかもしれませんが、黙示録的な詩や節の多くは、意図的にイメージと象徴性で擬装されています。なぜならそれらが書かれた環境は、「予言と予言者」を歓迎するものではなかったからです。

また、マタイによる福音書24章36でのイエスの次の言葉があるために、世界の終わりの日付と時間を特定することに若干の抵抗があったかもしれません。

その日、その時は、だれも知らない。天の御使たちも、また子も知らない、ただ父だけが知っておられる。

聖書の終末論的な箇所の解釈は、研究してきた学者の数とほぼ同じだけあります。多くの例の一つとして、最近では「専門家」が現在の戦争、自然災害の頻度、道徳と宗教の全般的な衰退が原因で、終末が明らかにすぐそこまで来ていると警告するのを読んだり聞いたりします。西暦250年ごろのカルタゴの聖キプリアヌスもそうでした。また彼より前の紀元1世紀にもキリスト教徒は、世界が自滅的になったから自分たちが生きている間に世界が終わると確信していました。

このようにキリスト以前から、どの世代でも少なくとも数人の「専門家」が、観客を引き付けるために世界の終わりが近づいているという差し迫った兆候を見出すことに成功してきたと言えるでしょう。

言うまでもないことですが、私は聖書をただ読んだだけではなく全26の解釈を研究してきました。それに基づいて、私は聖書の終末予言のうち「最重要」と呼べるものを簡素化してまとめました。

◇神に人生を捧げたすべての善良なキリスト教徒は地球からよみがえり、空に抱かれイエスによって永遠に救われる。雲の中でキリストと再会する喜びは携挙《ラプチャー》と呼ばれる。

◇強大な反キリストがイスラエルと7年間の和平協定に署名する。この誓約によって、地球上のすべての悪に対して神の罰が下り、世界は戦争、疫病、自然災害、その他の大きな苦しみに悩まされる。この恐ろしい混沌とした時期は「艱難」と呼ばれている。

◇反キリストは、自分自身の和平条約をまったく無視し、自分の民兵を集めてイスラエルを攻撃する。彼らは自分自身の像を寺院に彫り、自分の名誉のためにそれを拝むよう要求する。

◇7年の艱難は反キリストとその軍隊によるエルサレムへの攻撃で幕を閉じる。聖書が世界最終戦争と呼ぶこの戦いにイエスは再臨し、すべての兵士や信者たちと共に反キリストを滅ぼす。

◇終局的には、反キリストは永遠に敗れ、キリストは新しいエルサレムへと進み、世界はもはや悪も苦しみも死もない世界となる。

ヨハネの黙示録

ヨハネの黙示録は、世界の終わりの予言を連想させます。類似した記述で埋め尽くされており、伝説的で、はっきりと理解できる内容ではなく、私はすべて文字通りに解釈されるものではないと確信しています。黙示録第6章では、終末の日に神は人類に一連の裁きを下し、それぞれの裁きは前の裁きよりも壊滅的なものになるとされています。

最初の章は「7つの封印」で、7つの印のうち最初の4つは騎手です。

小羊がその七つの封印の一つを解いた時、…そして見ていると、見よ、白い馬が出てきた。そして、それに乗っている者は、弓を手に持っており、また冠を与えられて、勝利の上にもなお勝利を得ようとして出かけた。…小羊が第二の封印を解いた時、第二の生き物が「きたれ」と言うのを、わたしは聞いた。すると今度は、赤い馬が出てきた。そして、それに乗っている者は、人々が互に殺し合うようになるために、地上から平和を奪い取ることを許され、また、大きなつるぎを与えられた。また、第三の封印を解いた時、…第三の生き物が「きたれ」と言うのを、わたしは聞いた。そこで見ていると、見よ、黒い馬が出てきた。そして、それに乗っている者は、はかりを手に持っていた。すると、わたしは四つの生き物の間から出て来ると思われる声が、こう言うのを聞いた、「小麦一ますは一デナリ。大麦三ますも一デナリ。オリブ油とぶどう酒とを、そこなうな」。小羊が第四の封印を解いた時、第四の生き物が「きたれ」と言う声を、わたしは聞いた。そこで見ていると、見よ、青白い馬が出てきた。そして、それに乗っている者の名は「死」と言い、それに黄泉が従っていた。彼らには、地の四分の一を支配する権威、および、つるぎと、ききんと、死と、地の獣らとによって人を殺す権威とが、与えられた。（黙示録6章1―8）

もっとも一般的な解釈では、4頭の騎手の最初の白馬が反キリストを連れてきます。第2は壊滅的な戦争を引き起こします。第3は飢饉が起こり、4番目は戦争と飢饉、疫病、そして凶悪な動物の攻撃で死にます。「黙示録の4人の騎手」は世界の終わりまでの前奏曲のすべてであり、より劇的な描写で描かれていますが、明らかに文字通り読まれることを意図したものではありません。

7つの封印のうちの5番目は殉教したイエスの弟子たちの魂です。6番目の封印は大規模で壊滅的な地震を引き起こします。7番目の封印には7つのトランペットが入っており、次の出来事を引き起こします。

植物の生命を破壊する恐怖と雹。

「火の燃えさかっている大きな山のようなもの」（黙示録8章8）が海に衝突、海洋生物や航海中の船を破壊。

地上の湖や川の破壊。

太陽と月が暗くなる。

「悪魔のようなイナゴ」の異常大発生。

悪魔のような軍隊。

神の憤りを含んだ7つの杯を持った7人の天使の到着。


神からの一連の罰は、世界が終わるまで進行します。7人の天使の7つの杯は、すべてのなかでもっとも恐ろしいものです。

それから、大きな声が聖所から出て、七人の御使にむかい、「さあ行って、神の激しい怒りの七つの鉢を、地に傾けよ」と言うのを聞いた。そして、第一の者が出て行って、その鉢を地に傾けた。すると、獣の刻印を持つ人々と、その像を拝む人々とのからだに、ひどい悪性のでき物ができた。第二の者が、その鉢を海に傾けた。すると、海は死人の血のようになって、その中の生き物がみな死んでしまった。第三の者がその鉢を川と水の源とに傾けた。すると、みな血になった。それから、水をつかさどる御使がこう言うのを、聞いた、「今いまし、昔いませる聖なる者よ。このようにお定めになったあなたは、正しいかたであります。聖徒と預言者との血を流した者たちに、血をお飲ませになりましたが、それは当然のことであります」。わたしはまた祭壇がこう言うのを聞いた、「全能者にして主なる神よ。しかり、あなたのさばきは真実で、かつ正しいさばきであります」。第四の者が、その鉢を太陽に傾けた。すると、太陽は火で人々を焼くことを許された。人々は、激しい炎熱で焼かれたが、これらの災害を支配する神の御名を汚し、悔い改めて神に栄光を帰することをしなかった。第五の者が、その鉢を獣の座に傾けた。すると、獣の国は暗くなり、…第六の者が、その鉢を大ユウフラテ川に傾けた。すると、その水は、日の出る方から来る王たちに対し道を備えるために、かれてしまった。…第七の者が、その鉢を空中に傾けた。すると、大きな声が聖所の中から、御座から出て、「事はすでに成った」と言った。すると、いなずまと、もろもろの声と、雷鳴とが起り、また激しい地震があった。それは人間が地上にあらわれて以来、かつてなかったようなもので、それほどに激しい地震であった。（黙示録16章1—18）

再び、最終的に、この恐ろしい一連の出来事（審判）、そして善と悪の究極の血に染まった戦いである世界最終戦争、そして悪魔が底なしの穴に何千年も閉じ込められ、閉じ込められた後、黙示録21章1によると「新しい天と地、先の天と地とは消え去り、海もなくなってしまった」となります。

黙示録の言葉

世界の終わりについてのあなたの信念が何であれ、もしそれが主に聖書の「黙示録」に基づいているのであれば、あなたは不安の潜むその黙示録の内容が正確で史実に基づくものだと思いこんでいるのではないでしょうか。実際の黙示録の著者については、学者や神学者の間でも一致しているわけではありません。しかし議論のために、ほぼ著者であるとされる使徒ヨハネが書いたと仮定しましょう。ヨハネは紀元10年から15年ごろ、ガリラヤでゼベダイとサロメの息子として生まれ、兄弟ヤコブと共にイエスの弟子となったときは、漁師である父の仕事に付き従っていました。キリストの磔の前夜、ゲッセマネの園でイエスと共にとどまったのはヨハネであり、ほかのすべての弟子たちが去った後、死にゆくキリストと共にいたのもヨハネであり、イエスが死んだ後、その母マリアの世話をイエスに託されたのもヨハネでした。

ローマ皇帝ネロとその後継者ドミティアヌスは自らを「王であり神」だと宣言し、その宣言に従わない者を迫害しました。事実、ネロは政府の監督下にあった最初のキリスト教徒迫害を行ったことが記録されています。ヨハネはエーゲ海のパトモス島に4年の流刑を宣告されました。ヨハネが黙示録を書いたと言われているのは、パトモス刑務所の洞窟の中でした。

ヨハネが拷問のような地下牢に閉じ込められていたことは間違いなく、そこで晩年を迎えていました。弟のヤコブと友人のペテロはともにキリストの弟子として殉教していました。殺風景な環境に身を置きながらの彼の暮らしぶりは、その日その日が過酷で荒涼としたものだったに違いありません。彼が本当に「黙示録」を書いたとしたら、その画像の多くがどれだけ荒涼とした残酷なものであるか驚くばかりでしょう。ヨハネの短気は情熱的な性格の一面として広く知られており、当時の政治に憤慨していたことも付け加えておく価値があります。彼は新興宗教であるキリスト教が、寛容な雰囲気から暴力的な不寛容へと移行するさまを目の当たりにしました。信仰を捨てることを拒否したキリスト教徒は日常的に処刑され、磔にされ、ライオンに餌として与えられたりしました。ではなぜ政治体制に対する異端として投獄された男が、神の究極の力を称揚し、人生をさらに悪夢のようなものにしてしまう本を書いたのでしょうか。

黙示録の分析で、私がもっとも我慢できないものの一つは、その象徴性を言葉遊びに還元することです。たとえばヨハネの黙示録13章2では、「**わたしの見たこの獣はひょうに似ており、その足はくまの足のようで、その口はししの口のようであった**」とあります。私は「**その足はくまの足のよう**」というフレーズから神学者がロシアへの「明白」な言及を指摘するのを何度も聞きました。確かに、黙示録が聖書に追加されたのは書かれてから300年後のことですが、そのころになっても、ロシアという国の予備計画を始めていた人はいなかったでしょうし、その国のシンボルが熊であると決めていた人もいなかったでしょう。

また、ヨハネの黙示録を含む新約聖書の原本は、どれも現存していないことを覚えておきましょう。そして1世紀の黙示録の写本は未だに存在していません。私たちが新約聖書について知っていることの多くは2世紀から8世紀までのギリシャ語写本のものから来ていて、何度も翻訳されており、そこには初期の神学者が新約聖書を読んだり聞いたりした記憶を元にして書いた著作も含まれています。ヨハネの黙示録は、断片をつなぎ合わせたり、節を大幅に編集したり、翻訳の翻訳でしか存在しないような種類の本のうちの一つです。

繰り返しになりますが、ヨハネがその著者であると仮定して、ヨハネ自身が書いた原稿がなければ、それをどのように考えてよいのかわかりません。黙示録を読んだり読み返したりするときには、そのことをすべて頭に入れ、ほかにもいくつかの事柄に留意してください。多くの聖書学者は、聖書は熱のこもった政治的な随筆であり、ヨハネの境遇と気質を考えると理解できると考えています。また、黙示録は紙に託された一連の拷問の夢だったと理論づけている学者もいます。

黙示録を通してたびたび述べられている「獣」は、悪を象徴するようになった数字の666と関連づけられ、一般にはネロの名であると考えられています。ネロの名前はヘブライ語のゲマトリアと呼ばれる数秘学で666の数字を意味します。

偉大な予言者であり透視能力のあるエドガー・ケイシーは、黙示録とは外面上の戦いではなく誰もが経験する善と悪との精神的な努力の表現であると解釈しました。しかし凶暴で強力な「獣」や致命的な戦いというような黙示録の表現をあまりに文字通り解釈してしまうと、最終的には勝利と栄光と喜びが神のものになるという究極のメッセージを見落とす恐れがあります。

また、御座から大きな声が叫ぶのを聞いた、「見よ、神の幕屋が人と共にあり、神が人と共に住み、人は神の民となり、神自ら人と共にいまして、人の目から涙を全くぬぐいとって下さる。もはや、死もなく、悲しみも、叫びも、痛みもない。先のものが、すでに過ぎ去ったからである」。（黙示録21章3―4）

ダニエル書の言葉

ダニエル書も世界の終末を予言しているため、しばしば旧約聖書版黙示録と呼ばれ、ヨハネの黙示録と同じく論争の的になっています。若きダニエルは、紀元前605年のエルサレム攻撃の際にバビロン軍に捕らえられ、その後生涯をバビロンで過ごし、主にネブカドネザル王の宮廷でバビロニア帝国の72年間、予言者、夢の解釈者として仕えました。ダニエルについてイエスが弟子たちにオリーブ山で語ったことがマタイによる福音書24章15—16に記されています。

預言者ダニエルによって言われた荒らす憎むべき者が、聖なる場所に立つのを見たならば（読者よ、悟れ）、そのとき、ユダヤにいる人々は山へ逃げよ。

「荒らす憎むべき者」とはある出来事を指しており、それをイエスが200年後に引き合いに出しています。紀元前167年にエルサレムのユダヤ人寺院でギリシアの神々の最高指導者ゼウスのために祭壇を建て、ゼウスの名誉のために祭壇の上で豚を生贄にしたギリシアの支配者アンティオコス・エピファネスの行為です。ダニエル書9章27は同じ出来事を参照しています。

彼は一週の間多くの者と、堅く契約を結ぶでしょう。そして彼はその週の半ばに、犠牲と供え物とを廃するでしょう。また荒す者が憎むべき者の翼に乗って来るでしょう。こうしてついにその定まった終りが、その荒す者の上に注がれるのです。

神学者の間では、神の神聖な神殿を自分のための礼拝の場に変えるという忌まわしい行為を行う「荒らす者」が反キリストとして明らかにされた、と一般的に解釈されています。「1週間の契約」とは実際にはイスラエルとの7年間の平和条約であり、7年が終わる前に反キリストはエルサレム神殿での荒らす憎むべき者のように条約を破ります。キリストの再臨が近づき、世界の終わりが近づいている兆候の一つとして、この反キリストによる7年の平和条約の破棄を黙示録で引き合いに出しているのは偶然ではありません。実際、ダニエル書とヨハネの黙示録には多くの類似点があり、すべて同じ一連の終末への出来事や、ダニエルが言う「歴史の終焉」を示しています。そこで死者の復活や地上での行いに応じた最後の審判がなされます。

わたしは、かの亜麻布を着て川の水の上にいる人にむかって言った、「この異常なできごとは、いつになって終るでしょうか」と。かの亜麻布を着て、川の水の上にいた人が、天に向かって、その右の手と左の手をあげ、永遠に生ける者をさして誓い、それは、ひと時とふた時と半時である。聖なる民を打ち砕く力が消え去る時に、これらの事はみな成就するだろうと言うのを、わたしは聞いた。わたしはこれを聞いたけれども悟れなかった。わたしは言った、「わが主よ、これらの事の結末はどんなでしょうか」。彼は言った、「ダニエルよ、あなたの道を行きなさい。この言葉は終りの時まで秘し、かつ封じておかれます。多くの者は、自分を清め、自分を白くし、かつ練られるでしょう。しかし、悪い者は悪い事をおこない、ひとりも悟ることはないが、賢い者は悟るでしょう。常供の燔祭が取り除かれ、荒す憎むべきものが立てられる時から、千二百九十日が定められている。待っていて千三百三十五日に至る者はさいわいです。しかし、終りまであなたの道を行きなさい。あなたは休みに入り、定められた日の終りに立って、あなたの分を受けるでしょう」。（ダニエル書12章6―13）

ダニエル書は6世紀にダニエル自身によって書かれたと信じる人もいれば、一方では本当は何世紀も後に匿名の著者または一連の著者によって書かれたもので、ダニエルの名で信頼性を与えたという人もいます。懐疑論者は次のような問題を提起しています。

◇ダニエル書にはギリシャ語の単語がいくつか含まれている。ギリシアによるイスラエルの占領は紀元4世紀に起こったが、ダニエル書は一般に紀元前6世紀に書かれたと考えられている。

◇ダニエル書の最後の章では、最終的な裁きの後、人間は天国に昇るか地獄に落ちるだろうと述べられている。しかしダニエルの生涯と著作の時代には、ユダヤ人はすべての死者が直接黄泉に行くと信じられていた。ヘブライ語では、黄泉は墓または地の底の穴のことであり、そこで死者は神からの希望や喜びも与えられない隔てられた意識的な永き絶望の辺獄にいることになっている。天国と地獄というギリシアの概念がイスラエルに導入されたのはダニエルの死後何百年も経ってからであり、それゆえ偽りの書だと称される。

ダニエル書が変名による偽りの書であったとしても真実であっても、ヨハネの黙示録と同様に告げていることは、最終的に悪は打ち負かされ、神は神に仕えるすべての者の上に永遠にいるということです。

使徒パウロの言葉

イエスが人生を変えさせる能力を持っていたことを示す並外れた例はラテン語名パウロであったサウロの物語です。使徒行伝22章1―8と使徒行伝26章4―11で彼は自分の歴史を語っています。

わたしはキリキヤのタルソで生れたユダヤ人であるが、この都で育てられ、ガマリエルのひざもとで先祖伝来の律法について、きびしい薫陶を受け、今日の皆さんと同じく神に対して熱心な者であった。そして、この道を迫害し、男であれ女であれ、縛りあげて獄に投じ、彼らを死に至らせた。このことは、大祭司も長老たち一同も、証明するところである。さらにわたしは、この人たちからダマスコの同志たちへあてた手紙をもらって、その地にいる者たちを縛りあげ、エルサレムにひっぱってきて、処罰するため、出かけて行った。旅をつづけてダマスコの近くにきた時に、真昼ごろ、突然、つよい光が天からわたしをめぐり照した。わたしは地に倒れた。そして、「サウロ、サウロ、なぜわたしを迫害するのか」と、呼びかける声を聞いた。これに対してわたしは、「主よ、あなたはどなたですか」と言った。すると、

その声が、「わたしは、あなたが迫害しているナザレ人イエスである」と答えた。

サウロは天からの光で目が見えなくなりました。3日の間、彼は目が見えず、食べることも飲むこともしませんでした。主は弟子のアナニアに、サウロをどこで見つけるか指示をお出しになるとともに、サウロに手を置いて視力を回復させ、使命を告げてきなさいと言われました。それは「他**国の人と交際したり、出入りしたりすることは、禁じられていた（使徒行伝10章28）」ユダヤ人が、「王たち、またイスラエルの子ら（使徒行伝9章15）」**の前で御名を掲げることを意味しました。この神からの任務は、その後のパウロの3回の布教の旅と新約聖書でのパウロの手紙の宛先となっている教会の設立につながりました。

パウロの主な伝言の一つは、天使たちによって使徒行伝1章11で約束されたイエスの復活に関するもので、昇天（アセンション）についてです。

あなたがたを離れて天に上げられたこのイエスは、天に上って行かれるのをあなたがたが見たのと同じ有様で、またおいでになるであろう。

そしてこの出来事は世界の終わりを告げるものになるだろうとパウロは言いました。パウロが世界の終末が1世紀に迫っていると信じていたことは、彼の手紙、特にテサロニケの教会に書かれた手紙でも明らかであり、パウロは彼らに次の準備をするよう促しました。

それは、主イエスが炎の中で力ある天使たちを率いて天から現れる時に実現する。その時、主は神を認めない者たちや、わたしたちの主イエスの福音に聞き従わない者たちに報復し、そして、彼らは主のみ顔とその力の栄光から退けられて、永遠の滅びに至る刑罰を受けるであろう。その日に、イエスは下ってこられ、聖徒たちの中であがめられ、すべて信じる者たちの間で驚嘆されるであろう―わたしたちのこのあかしは、あなたがたによって信じられているのである。（テサロニケ人への第2の手紙1章7―10）

兄弟たちよ。わたしたちはお願いする。どうか、あなたがたの間で労し、主にあってあなたがたを指導し、かつ訓戒している人々を重んじ、彼らの働きを思って、特に愛し敬いなさい。互に平和に過ごしなさい。…兄弟たちよ。あなたがたにお勧めする。怠惰な者を戒め、小心な者を励まし、弱い者を助け、すべての人に対して寛容でありなさい。だれも悪をもって悪に報いないように心がけ、お互に、またみんなに対して、いつも善を追い求めなさい。いつも喜んでいなさい。絶えず祈りなさい。…御霊を消してはいけない。預言を軽んじてはならない。すべてのものを識別して、良いものを守り、あらゆる種類の悪から遠ざかりなさい。（テサロニケ人への第1の手紙5章12―22）

最後に、パウロの人生の終わりの描写と希望の言葉は、テサロニケ人への第1の手紙4章13～5章11にあります。

兄弟たちよ。眠っている人々については、無知でいてもらいたくない。望みを持たない外の人々のように、あなたがたが悲しむことのないためである。わたしたちが信じているように、イエスが死んで復活されたからには、同様に神はイエスにあって眠っている人々をも、イエスと一緒に導き出して下さるであろう。わたしたちは主の言葉によって言うが、生きながらえて主の来臨の時まで残るわたしたちが、眠った人々より先になることは、決してないであろう。すなわち、主ご自身が天使のかしらの声と神のラッパの鳴り響くうちに、合図の声で、天から下ってこられる。その時、キリストにあって死んだ人々が、まず最初によみがえり、それから生き残っているわたしたちが、彼らと共に雲に包まれて引き上げられ、空中で主に会い、こうして、いつも主と共にいるであろう。だから、あなたがたは、これらの言葉をもって互に慰め合いなさい。兄弟たちよ。その時期と場合とについては、書きおくる必要はない。あなたがた自身がよく知っているとおり、主の日は盗人が夜くるように来る。人々が平和だ無事だと言っているその矢先に、ちょうど妊婦に産みの苦しみが臨むように、突如として滅びが彼らをおそって来る。そして、それからのがれることは決してできない。しかし兄弟たちよ。あなたがたは暗やみの中にいないのだから、その日が、盗人のようにあなたがたを不意に襲うことはないであろう。あなたがたはみな光の子であり、昼の子なのである。わたしたちは、夜の者でもやみの者でもない。…しかし、わたしたちは昼の者なのだから、信仰と愛との胸当を身につけ、救の望みのかぶとをかぶって、慎んでいよう。…だから、あなたがたは、今しているように、互に慰め合い、相互の徳を高めなさい。

ユダヤ教

トーラーは聖書の最初の5冊であり、ユダヤ教の律法書です。タルムードは、ユダヤ人の法律と伝統をまとめた書であり、さまざまな状況にトーラーの規則を適用する方法が記されています。タルムードによると、私たちが知っている世界は神の創造した世界から数えて6000年間存在することになり、ユダヤ暦によると2008年は世界が存在してから5765年であり、2240年にこの世が終わります。ユダヤ教では終末を意味するアハリト・ハヤミムが破滅的な暴力と死をもたらすとされています。ユダヤの伝統における終末予言は次のとおりです。

◇世界中からのユダヤ人亡命者のイスラエルへの帰還。

◇マゴグの王、ゴグがイスラエルを攻撃する（これらの用語についての決定的な説明はないが、ゴグはイスラエル北部、または「北の野蛮人」、ひょっとするとロシアか中国の王子であると言われる。イスラエルとマゴグの戦いである本当のハルマゲドンは、死者を埋葬するのに7か月かかるほど恐ろしいものになる）。

◇死者たちの生き返り、すなわち復活。

◇イスラエルのすべての敵の敗北。
◇エルサレムにある3番目のユダヤ教寺院の建設。
◇救世主の来臨、または精油を塗る。

救世主であり聖油を塗られたイスラエルの王となる人は、世界最終戦争に続き、純粋な崇拝が世界的に始まる第七千年紀に、唯一の絶対神となるでしょう。その来臨はエルサレムで特別な準備が行われるほど重く受け止められています。旧市街の城壁の一つに金門と呼ばれる城壁があり、またの名を慈悲の門、永遠の命の門としても知られています。ユダヤ人の伝統によると、救世主がエルサレムに入るのは金門からだといいます。しかし1541年に、現オスマン帝国のスルターンであるスレイマンが救世主の入口を塞ぐよう命じて以来、伝えられるところでは今日まで閉鎖されています。救世主と神のなせる業についてのユダヤ人の予言は次のとおりです。

◇彼はダビデ王から下ってくる。
◇彼は人間の形で来臨し、観察力のあるユダヤ人である。
◇彼の存在によって悪と圧政は滅びるだろう。
◇彼の抱擁は、すべての文化と国家を包み込む。
◇彼は死を永遠に追い払い、永遠の喜びを与えてくれる。
◇イスラエルの古代遺跡が復元される。

◇ユダヤ人は勉強しなくても律法を知り、世界中の人が神を知る。
◇不毛の地は実りあるものになる。
◇戦争の武器は破壊される。

ユダヤ教における終末予言は、特にイザヤ書2章2―4に多く書かれています。

終りの日に次のことが起る。主の家の山は、もろもろの山のかしらとして堅く立ち、もろもろの峰よりも高くそびえ、すべて国はこれに流れてき、多くの民は来て言う、「さあ、われわれは主の山に登り、ヤコブの神の家へ行こう。彼はその道をわれわれに教えられる、われわれはその道に歩もう」と。律法はシオンから出、主の言葉はエルサレムから出るからである。彼はもろもろの国のあいだにさばきを行い、多くの民のために仲裁に立たれる。こうして彼らはそのつるぎを打ちかえて、すきとし、そのやりを打ちかえて、かまとし、国は国にむかって、つるぎをあげず、彼らはもはや戦いのことを学ばない。

予言者ヨエルもまたヘブライ経典のなかで重要な位置を占めており、世界の終わりについての見解を示していました。ヨエルは、モーセがイスラエルの民をエジプトの奴隷制度から解放し、当時カナンと呼ばれていた土地に定住させるために送り出した時代から約4世紀後に生きた人です。イスラエル人はカナンに到着したとき、多くの複雑な問題に直面しました。祖国は占領され警備もなく、いつ攻撃されるかが問題でしたが、イスラエル人自身は組織化しておらず自治の経験もありませんでした。イスラエルは気候が乾燥しており、水は乏しく、土壌は硬く岩が多いため、食用作物の作付けや栽培は事実上不可能でした。ヨエルの時代の紀元前835年から800年の間、ユダと呼ばれたカナン南部はイナゴに荒らされ、わずかな農作物しか食べられませんでした。イナゴの大発生に続いて厳しい干ばつが起こり、すぐにヨエルはすべての出来事を統べる全能の神に思い切って訴えました。その答えは、国家がその罪について神の裁きを受けているというものでした。

イナゴは人間による軍隊の行進として象徴的に描写され、ヨエル書1章13—15、2章1—2、他でこう予言されています。

祭司たちよ、荒布を腰にまとい、泣き悲しめ。…聖会を召集し、聖会を召集し、長老たちを集め、国の民をことごとくあなたがたの神、主の家に集め、主に向かって叫べ。ああ、その日はわざわいだ。主の日は近く、全能者からの滅びのように来るからである。…国の民はみな、ふるいわなwhile なけ。主の日が来るからである。それは近い。これは暗く、薄暗い日、雲の群がるまっくらな日である。…主は言われる、「今からでも、あなたがたは心をつくし、断食と嘆きと、悲しみとをもってわたしに帰れ。あなたがたは衣服ではなく、心を裂け」。あなたがたの神、主に帰れ。主は恵みあり、あわれみあり、怒ることがおそく、いつくしみが豊かで、災を思いかえされるからである。（ヨエル書2章12—13）

これらは多くの予言的な文章と同様、ヨエルの言葉には希望が込められています。イエスの地上での生に続き、霊となったイエスがはっきりと現われた聖霊降臨祭の後、弟子のペトロはヨエルの言葉をヨエル書2章28―32、使徒行伝2章17―21から引用しています。

その後わたしはわが霊をすべての肉なる者に注ぐ。あなたがたのむすこ、娘は預言をし、あなたがたの老人たちは夢を見、あなたがたの若者たちは幻を見る。…『神がこう仰せになる。終りの時には、わたしの霊をすべての人に注ごう。そして、あなたがたのむすこ娘は預言をし、若者たちは幻を見、老人たちは夢を見るであろう。その時には、わたしの男女の僕たちにもわたしの霊を注ごう。そして彼らも預言をするであろう。また、上では、天に奇跡を見せ、下では、地にしるしを、すなわち、血と火と立ちこめる煙とを、見せるであろう。主の大いなる輝かしい日が来る前に、日はやみに月は血に変るであろう。そのとき、主の名を呼び求める者は、みな救われるであろう』。

ユダヤ教によると、救世主が現れ、平和で喜びに溢れ、清浄な精神性に満ちた神聖な世界的時代が到来する前に、言葉では言い表せない苦しみが待っているとしています。多くのユダヤ人指導者が、ユダヤ人大虐殺によって神を無視したおぞましい迫害を受けたことを、歴史的に迫り来る救世主の到来の夜明けだと考えるのは理解できることです。

カトリック

カトリック信者は世界の終わりがいつ来るかを予測することに価値はないと考えていますが、カトリックの学校で育ち一度は修道女になることを心に決めていた女性から、彼らは間違いなく世界の終末と、それについて聖書が述べている一連の出来事を信じていると聞きました。

①死者の復活

カトリック教会は使徒信条に明示されるように霊の復活だけでなく肉体の復活も信じています。

私は天と地の創造者、全能の父なる神を信じています。
そして、そのただ一人の子、わたしたちの主、イエス・キリスト。
聖霊を宿した、聖母マリアから生まれ、
ポンテオ・ピラトの下で苦しみ、
十字架にかけられ死んで埋葬され、
彼は陰府《よみ》に下り、

3日目に彼は再び死んだ者たちの中から復活した。
彼は天に昇り、全能の父なる神の右手に座った。
いずれ彼は生者と死者を裁くために再臨する。
私は聖霊と、聖なる普遍的なカトリック教会、
聖徒の交わり、罪の赦し、肉体の復活、永遠の命を信じる。
かくあらせたまえ。

②普遍的判断

すべての地上の苦しみからの復活に続き、キリストは裁きの玉座に座ります。そして一人一人が、この世での私たちの行いにふさわしい裁きを受けます。

人の子は父の栄光のうちに、御使たちを従えて来るが、その時には、実際のおこないに応じて、それぞれに報いるであろう。（マタイによる福音書16章27）

③世界の破壊

イエス・キリストの命により、世界は人間の技術や地殻破壊や宇宙衝突によってではなく、純粋に超自然的な意味において破壊されます。

④教会の勝利と支配

キリストとその忠実な信者たちは永遠に共に生き、治めますが、邪悪を追い求め、悪魔に忠誠を尽くす者は永遠に呪われます。

イエスは彼らに近づいてきて言われた、「わたしは、天においても地においても、いっさいの権威を授けられた。それゆえに、あなたがたは行って、すべての国民を弟子として、父と子と聖霊との名によって、彼らにバプテスマを施し、あなたがたに命じておいたいっさいのことを守るように教えよ。見よ、わたしは世の終りまで、いつもあなたがたと共にいるのである」。（マタイによる福音書28章18―20）

わたしはあなたがたを捨てて孤児とはしない。あなたがたのところに帰って来る。もうしばらくしたら、世はもはやわたしを見なくなるだろう。しかし、あなたがたはわたしを見る。わたしが生きるので、あなたがたも生きるからである。その日には、わたしはわたしの父におり、あなたがたはわたしにおり、また、わたしがあなたがたにおることが、わかるであろう。（ヨハネによる福音書14章18―20）

世界の終わりについてのもっとも有名で物議を醸した次の3人の予言は、カトリック教会に端を発しています。それぞれが語った言葉は、予言の内容と同じくらい魅力的です。

ピオ神父

2002年6月16日、ローマカトリック教会によって聖人の列に加えられたイタリア人司祭のピオ神父は1887年に生まれ、その敬虔さと慈善活動、苦難、厳しさ、そして神のような指導や、物議を醸す超能力、癒し、予言に至るまでの行いでよく知られています。おそらくもっとも驚くべき物議を醸したのは、ピオ神父にはキリストが十字架にかけられたときに受けた傷と同じ聖痕が手と足にあったことでした。

1903年1月22日、15歳でフランチェスコ・フォルジョーネはピオ神父となり、名は聖ピウス5世に敬意を表して名付けられました。7年後、彼は司祭に叙階されましたが、その直後のある朝、彼が深い祈りをささげていたとき、イエスと聖母が現れて彼に聖痕を授けました。彼は傷が消えるように祈り、「苦しみたい、苦しみで死にたいとさえ思っていますが、すべては秘密に」と唱えましたが、聖痕は一時的に消えただけでした。ピオ神父は慢性的な体調不良に苦しみ、数年間、修道会に出入りし、行く先々で毎日のミサと敬虔な生活を続け、最終的にはイタリアのガルガノ岬にあるサン・ジョヴァンニ・ロトンドと呼ばれる農業共同体の精神的指導者となりました。そこで彼は精神的成長のための次の5つのルールを作り、それに従いました。

毎週の告白
日常交流
精神読本

瞑想
良心の審問

そして彼は「祈り、希望、心配しない」というモットーを作りました。

ピオ神父の聖痕が復活したのは、第一次世界大戦を終わらせるために１９１８年にすべてのキリスト教徒の間で熱心な祈りがなされた時期でした。最初に幻影が現れ、キリストが彼のもとにやって来ると彼の脇腹を刺し、目に見える傷を残しました。数週間後、キリストは再び現れ、手と足に目に見える傷を残したのです、こうしてこのイエスの磔による5つの傷が一生残りました。神父にもたらされた聖痕と繰り返されるキリストの顕現の噂が広まり、無数の医師に診察され、カトリック教会の内外で信者と非難者の両方から延々と質問されました。良くも悪くも驚異の存在として、サン・ジョヴァンニ・ロトンドの小さな共同体に大勢の群衆が集まり始めたほどの有名人となったのです。教会は暴動を防ぐために彼への一般の面会を制限し、最終的にピオ神父は個人ミサを除いて教会に関連するすべての責任と礼拝を停止するよう命じられました。有名になればなるほど、彼に対する非難はエスカレートしていきました。

１９３３年教皇ピウス11世は、有名人である神父の周りに渦巻く醜い論争に独自の見解を取り始めました。そして宣言しました。「私はピオ神父に悪意ある態度を取ってはいなかったが、ピオ神父に関して悪意ある情報を与えられていた」そして教皇はこの宣言によって、ほぼ一人で状況に秩序と尊厳を回復させせました。ピオ神父の任務と特権は回復、拡大され、１９３９年には教皇ピウス

12世が神父の大勢の信奉者による訪問や巡礼を奨励するようになりました。

１９４０年、ピオ神父はサン・ジョヴァンニ・ロトンドに「苦しみを癒す家」という病院の建設計画を開始しました。１９５６年に開院し、現在でもヨーロッパでもっとも効率的な病院の一つとなっています。ピオ神父の敵たちはこれを資金の不正流用を非難する新たな機会ととらえましたが、教皇パウロ６世はそのすべての起訴の棄却をきっぱりと宣言しました。

１９６８年９月23日、ピオ神父は持病で亡くなり、10万人以上の人々が葬儀に参列しました。その死から34年後、彼は教皇ヨハネ・パウロ２世とローマカトリック教会によって列聖され、人々の深く心に銘記されることとなりました。大司教や司教たちがかつて彼を滅ぼそうとしたことも同時に許されました。なお、死亡の直前と直後の数時間、ピオ神父と一緒にいた人たちによれば、神父が最後の呼吸をしたとき聖痕が跡形もなく消えたということです。

ピオ神父の名声と汚名の多くは、その癒しと予言の才能によるものです。神父の神通力と独特の能力に関する数え切れないほどの癒しの逸話があります。ピオ神父のもっとも有名な予言の一つは、イエス・キリストが彼を通して伝えたとされる、来るべきヨハネの黙示録の説明です。以下一部を読みます。

息子よ、人間に対する私の愛は、特に私に自分をささげる者たちにとっては大変大きいものだ…。わが恩寵に与かる時を忘れた不忠な民に会うときが近づいている。私の裁きは、突然彼らの上に下るであろう。誰も私の手から逃れられない。しかし、私は正義の人を守る。

太陽や月や星を見ると、動きが非常に乱れて落ち着きがなく、その日が遠くないことを知らせている。

破壊の天使があなたがたの家を通り過ぎるまで、祈り、また見守っていなさい。この日々が短くなるように祈りなさい。私の子どもたち、自信を持って。私は、あなたの中にいます。私の王国は、栄光に満ち、太陽が昇るときから沈むときまで、私の名が祝福されるでしょう。私の王国には終わりがない。

祈りなさい！ 人々は大喜びで地獄の奈落へと走っている…魂の救済のために私の手助けをしなさい。罪の尺度は満たされている！ 恐ろしいことが起こる復讐の日が近づいている！想像以上に近い！ そして世界は偽りの安全の中で眠っている！ 天の御裁きが、かれらを雷のように打ち鳴らすであろう。これらの不信心で邪悪な民は、容赦なく滅ぼされるであろう…。

窓はしっかりと覆っておきなさい。外を見ないで。祝福されたろうそくに火をつけなさい。そうすれば何日でも十分でしょう。ロザリオに祈りを。霊的な本を読みなさい。私たちに喜ばれる愛の行いをしなさい。多くの魂が救われるように両手を広げて祈るか、地面にひれ伏しなさい…。

この間、動物の世話をしなさい。私は人間だけでなく、すべての動物の創造者であり保存者である。前もっていくつか合図をしたら、そのときにはもっと食べ物を前に置きなさい。私は、動物も含めて選ばれた者の財産を守るつもりだ。彼らはその後も栄養を必要とするのだから…。

もっとも恐ろしい刑罰は時代の証となるだろう。天使たちはこの仕事を執行する者である。彼らは先の尖った剣を持っている。雲から流れ出て、地球全体に広がる！ 暴風雨、悪天候、落雷、地震が2日間地球を覆う。絶え間ない火の雨が降り注ぐ！ それは非常に寒い夜の間に始まる。これはすべて、神が創造主であることを証明するためだ。

私を讃えなさい、また私の言葉を信じる者は恐れてはならない。私は決して彼らを見捨てないし、また我が啓示を広める者も同様である。恵みの中にあり、また母の加護を求める者に害が及ぶことはない。

これらの災いに備えなさい…家の外では誰にも話しかけてはならない。十字架の前にひざまずき、あなた方の罪を悔いて、私の母の保護を請いなさい。この忠告を無視する者はただちに殺される。風に伴われて有毒ガスが地球全体に拡散する。苦しみ、罪もなく死んだ者たちは殉教者となり、私の王国で私と共にある。

悪魔が勝利する！ しかし、3夜で地震と火災が止む。翌日、太陽が再び輝き、天使たちが天から降りて来て、地上に平和の精神を広める。このもっとも恐ろしい試練、差し迫った罰を生き抜いた者には、計り知れない感謝の気持ちが湧くだろう…。

神の秤の釣り合いの重みが地上に届いてしまった！ わたしの父の怒りは、全世界に浴びせられよう。私はこれまで何度もしてきたように、再び世界に警告している。人の罪は計り知れないほどに増えた。世界は悪に満ちている…。

私は雷鳴と稲妻のなかに必ず来るであろう。悪しき者は、私の神聖な心を見るであろう。

大地がすっかり暗黒で覆われているために大きな混乱があろう。そしてたくさんの、とてもたくさんの人が恐怖と絶望で死ぬだろう。私の大義のために戦おうとする者には、私の聖なる心からの恩恵がある。「誰か、神に肩を並べるほどの者がいるか（WHO IS LIKE UNTO GOD：たれか天主にしくものあらん）」という叫びは、多くの者を守るための手段となろう。しかし多くの者は枯れた草のように野火に焼かれるであろう！ 神を信じない者は滅ぼされ、その後、正義の者は新たなスタートを切ることができるだろう…。

闇は一日一晩続き、その後また一日一晩、また一日と続くが、次の日の夜には星は再び輝き、次の朝には太陽が再び昇り、春になる…。

地獄は自分自身が地球全体を支配していると信じているだろうが、私はそれを取り戻す。祈りなさい！ 祈りなさい！ わたしの愛する母マリア、また聖徒たちと聖なる天使たちは、あなたがたを執り成す者である。彼らの助けを求めなさい。勇敢なキリストの兵士になれ！光が戻ってきたら、皆で三位一体の神に守ってくれたことを感謝しよう！ 被害は非常に大きくなるだろう。だが、私はあなたがたの神であり、必ず大地を清められる。私はあなたがたと一緒にいる、自信を持ちなさい。私は何度も何度も人々に警告し、しばしば正しい道に戻る特別な機会を与えてきた。しかし今、悪は最高潮に達しており、罰はこれ以上遅らせることはできない。たとえ私の心が苦しみ血を流していても、私の名のためにこの一撃を与えなければならない。

これらのことが果たされるときが来たことを、すべての人に告げなさい。

ファティマの予言

1917年5月13日、11歳のルシア、フランシスコ9歳、7歳のヤシンタは家族の羊を連れて、ポルトガルのファティマの町に近い穴場、コバ・ダ・イリアで放牧をしていました。羊が静かに草を食べていて、子どもたちが遊んでいると、雲一つない空から、稲妻のような閃光が光りました。おびえた子どもたちが羊を集めて急いで家に帰ろうとすると、再び稲妻が現れ、きらびやかな白い服を着た女性が小さな木の上に現れました。「恐れることはない」と、女性は恐ろしがる子どもたちを安心させ、「私は天から来た。半年続けて13日の同じ時間に来なさい。そのとき私が誰で何が欲しいかをあなたに伝えよう」と言っていくつかの伝言と指示をし、光の雲の上に消えました。

子どもたちは、この驚くべき体験を伝えようと家に駆けつけましたが、母親たちは子どもたちが嘘をついたと言って罰し、このとんでもない話はファティマ村に広まって、子どもたちは笑い者にされました。しかし毎月13日に子どもたちは素直にコバ・ダ・イリアに足を運びました。月を追うごとに、好奇心旺盛な群衆も増えていきましたが、彼女が重要な秘密を子どもたちと共有している間、誰もその女性の姿や声を確認できませんでした。

女性の出現から6か月が過ぎ、最後の日に、彼女は10月に奇跡を約束しました。1917年10月13日、激しい雨の中、ルシア、フランシスコ、ヤシンタに続いて約7万人の群衆がコバ・ダ・イリアに向かいました。正午になると女性は姿を現しました。「私はロザリオの聖母マリアです。私の名誉のためにこの場所に礼拝堂を建ててほしいのです」彼女は両手を空に向けて再び上昇しました。その間、太陽が爆発するかのように空から降り注ぎ、7万人の群衆は恐怖に陥りました。

その後、聖母マリアの願い通り、奇跡が目撃されたこの場所に教会が建てられました。フランシスコとヤシンタは１９１７年10月の奇跡の日から3年経たずに、ポルトガルを襲ったスペイン風邪で敢えなくこの世を去り、ルシアは修道院に入り、聖母マリアとその後も時折接触がありました。

聖母マリアは子どもたちに３つの予言を与えましたが、そのうち２つを公表することを許してくれました。しかし第３の予言は１９６０年以前には公表されませんでした。１９１７年7月13日に子どもたちと共有した最初の予言で、聖母マリアは第一次世界大戦が次の年にまもなく終わるということ、そして「未知の光に照らされた夜」に戦争は悪化するだろうと述べました。１９３８年1月25日、驚くほど素晴らしいオーロラが北の空に広がり、これまでにないほどの輝きがヨーロッパ中に見られました。第2次世界大戦はその翌年１９３９年に始まりました。

第2の予言は、「ロシアは自分の過ちを世界中に広め、戦争を助長するだろう。多くの国が滅びる。もしロシア人が私の無垢の心に従い、ロシアを聖別する私の願いに耳を傾けるならば、ロシアは改宗されるだろう」という警告でした。１９８４年、教皇ヨハネ・パウロ2世はロシアを聖別し、その予言が実現されたことで後のソ連の崩壊と転換につながったと多くの人は考えています。

第3の予言は、ルシアがそれを書き留めて封筒に封をし、ポルトガルの司教に１９６０年までは開封して読むことはできないと伝えました。封筒は司教からバチカンに献上されました。１９６０年になると、ローマ教皇ヨハネ23世が封筒を開封しましたが、その中身を明かすことを拒否し、「この予言は私の時代とは関係ない」と謎めいた説明をしました。噂によるとそれは「白衣をまとった司教」すなわち教皇が、信徒の群衆の間を進んで行くときに地面に倒れる、それは突然の銃撃によって死んだように見えたという予言でした。１９８１年５月13日、ファティマの聖母マリアが３人の子どもたちの前に初めて姿を現した日から64年後、サン・ピエトロ広場でトルコの銃撃者がローマ教皇ヨハネ・パウロ２世を暗殺しようとしました。ローマ教皇は「銃弾の進路を導いてくれた」聖母にまさに命を救っていただいたことを感謝し、教皇はその銃弾をレイリア・ファティマの司教に贈りました。レイリア・ファティマの司教は、それを聖母教会のファティマの聖母の像の上の王冠に置きました。

２０００年５月13日、ローマ教皇ヨハネ・パウロ２世は、当時93歳でカルメル会の修道女ルシア・ドス・サントスの元を訪問しました。教皇はまた、聖母教会の近くに埋葬されている彼女のいとこのフランシスコとヤシンタを祝福しました。ローマカトリック教会が殉教者ではない子どもたちを列福したことは、これまでもそれ以後もありません。

そしてついに、２０００年６月26日、バチカンは第３のファティマ予言の全40ページにわたる文章を発表しました。この予言は、１９４４年１月３日に修道女ルシアによってポルトガル語で発表され、最終的には英語、フランス語、イタリア語、スペイン語、ドイツ語、ポーランド語に訳されました。ファティマの聖母からの第３の予言には次の内容があります。

聖母マリアの左手の少し先に、左手に刃のついた天使が見えた。火が放たれ、まるで世界が炎で包まれたかのように燃え上がった。だがそれらは聖母マリアが右手から放射した光彩に触れると消えてしまった。右手で地面を指さしながら天使は大声で叫んだ。「罰、罰、罰！」

私たちは非常に明るい光のなかに神を見た。白い祭服を着た司教は「人が鏡の前を通るときに映るのと同じもの」と言い、続けて「私たちはそれが聖なる父であるという印象を持っている」と言った。他の司教、司祭、男性と女性の宗教者が急な山を登っていき、その頂上には、樹皮とコルクの木のような荒削りの幹の大きな十字架がある。そこに到着する前に、聖父は、半分廃墟のような大きな街を通り過ぎ、半分は痛みと悲しみに苦しめられた足を引きずって震えながら、途中で出会った死体の魂のために祈った。山の頂上に着くと、大きな十字架のふもとにひざまずき、銃弾と矢を向ける兵士たちの一団に殺された。同じようにして、他の司教、司祭、男女の信者、さまざまな階級や地位を持つ一般の人々が次々に死ぬ。十字架の2本の腕の下には2人の天使がいて、それぞれに水晶の聖水盤（聖水を入れるための鉢）を持っていた。その中には殉教者の血が集められ、神に向かっている魂に撒かれた。

ローマカトリック教会の信仰教義礼拝の枢機卿であるヨーゼフ・ラッツィンガー枢機卿は、ファティマの聖母の第3の予言は「三重の叫び」「罰、罰、罰！」という言葉によって完全に要約されていると解釈し、そのとおりに信じると言っています。

慰めの啓示は、血と涙の過去を神の癒しの力に委ねようと努めている。
十字架の天使たちの腕の下に殉教者たちの血が集められ、神に向かう魂に命が与えられる。
ここではキリストの血と殉教者の血が一つとされ、十字架の腕から殉教者の血が流れ落ち

る。殉教者はキリストの受難に殉教し、死はキリストの受難と一体となる…。神ご自身が人間の心をすくい取り、人間の自由を善なるものへと導いたのだから、もはや悪を選ぶことはできない。

「この世ではなやみがある。しかし、勇気を出しなさい。わたしはすでに世に勝っている」。（ヨハネによる福音書16章33）

そのとき以来、広く行き渡っている言葉です。ファティマの啓示はこの約束を信頼するように私たちを促しています。

マリア・エスペランサ

マリア・エスペランサは、世界でもっとも才能のある現代の神秘主義者の一人と考えられています。1928年にベネズエラで生まれ、5歳になったとき、聖テレジア（カトリック教会の聖人）から「イエスの小さい花」という啓示を受け取りました。聖テレジアが一輪のバラを投げると彼女の手にはバラが出現したと言われています。

14歳のときに肺炎と心臓病にかかり、生きる見込みがなくなったときに際しても、マリアは幸せな死か完全な癒しのどちらか父の御心にかなったほうをイエスに祈る信仰の強さを持っていました。祝福された聖母マリアがすぐに現われ、その瞬間マリアは奇跡的に病が癒えました。

1954年、マリアは自分の人生の進むべき導きを祈るためにベネズエラの修道院を訪れました。そこに聖テレジアが再び現れ2輪目のバラを投げました。マリアが手を伸ばすと、とげが手に刺さりました。軽い傷でしたが、それは十字架のキリストの聖痕として、毎週聖金曜日になるとマリアの手に現れ、一生続きました。

マリアが1954年にローマで教皇ピウス12世の祝福を受けると、滞在中に「祝福された聖母」が再びマリアのもとに姿を現し、次のように締めくくりました。


あなたは6本のバラと1本のつぼみ、すなわち7人の子の母親になる。


マリアは1956年にバチカン市国警備隊の司令官と結婚し、1男6女をもうけました。

1984年にマリア・エスペランサと約100人の証人がベネズエラのカラカスに近いベタニアという場所で祝福された聖母マリアの姿を目撃しました。司教で心理学者の大主教ピオ・ベロ・リカルドは目撃者からそのときの様子を聞き取りし、バチカンとの話し合いを経て、目撃は真実とされ、ベタニアを「聖地」と宣言しました。

マリア・エスペランサは死の前の2004年8月7日、再臨と世界の終わりについて、作家兼伝記作家のマイケル・H・ブラウンのインタビューで次のように予言しています。

人々が考えていることとは大きく異なるでしょう。彼（イエス）は黙ってやって来ます。人々は彼が私たちの間にいることに気づくでしょう…そのとき、主が愛した罪のない人…罪のない人が死ぬでしょう。これは世界に衝撃を与え世界を動かします。多くの人が信じるでしょう。彼は数日間姿を消し、再び現れます。彼がいなくなると人々は混乱した無秩序な状態に戻ります。彼は御自身を二分して、すべての家庭を助けるでしょう。これは明らかなことです。彼は来てすべての扉をたたくでしょう。そうすれば、人々はそれが本当に彼であることを悟るでしょう。彼は少しの間だけ姿を現し、その後、しなければならないことを神が定めるまで姿を消します。彼が復活したのと同じように神はあなた方、そして私に現れます…。想像してみてください…。彼はすでに私たちの中にいますが、私たちに姿を見せてくれません。私たちの脳ではこの物理的な現実として、神が私たちに見てほしいと思っているものだけしか見ることができません。ですが、神が私たちにイエスを見てほしいと望むときは、神が私たちの脳の中に小さな扉を開け、少し触れてくださるだけでよいのです…。

マリアはイエスが栄光のうちに来られるときが最後の審判であり、それがこの世界の終わりであると述べています。もし今イエスが来るならば、それをお迎えするのは教皇と、そして期待して待っている世界中のすべての忠実な魂であること、またそのような顕現の起こる数年前には天からの特別な光があり、多くの自然現象や政治的な出来事も浄化や準備のために行われるとしています。

カトリックの終末予言

カトリックの学校を卒業した人の言葉を借りれば、終末予言の遺産は、教会における豊かで大切な伝統です。聖書に由来する予言もあれば、神々しく導かれたといわれる予言もあります。

例えば、1094年に生まれた聖マラキは、アイルランドで初めてクレメント3世という教皇に列聖されました。彼は、空中浮揚、治癒、透視、予言などの神から与えられた能力を持っていたと言われています。おそらく彼のもっとも有名な啓示は、トランス状態のときに見たその日から終末までのすべての教皇についてです。彼はそれら一つ一つについて簡単な説明を書き、ローマ法王インノケンティウス2世に申し送りしましたが、その原稿は1950年まで再び掘り起こされず、それ以来論争の的となっています。聖マラキの12世紀初頭の予言によると、最後の法王は次のようになります。

◇聖マラキが名付けた「花の中の花」は、パウロ6世（1963―78）で、彼の紋章は3つのユリの花が付いている。

◇「半月の人」は、ヨハネ・パウロ1世と思われ、ベルーノ教区で生まれた。「美しい月」とも訳され、1978年8月26日の半月の日に教皇に選出された。彼はその1か月後、月食の直後に亡くなった。

◇「太陽の労働力」は、法王ヨハネ・パウロ2世と符号し、教皇としての任期は1978年から2005年だった。1920年に生まれたその朝、欧州の上空に皆既日食に近いものが起こった。もちろん法王ヨハネ・パウロ2世の出身地であるポーランドも含まれていた。「労働」に関しては、彼は教会の歴史でもっとも広く旅をしていた教皇だった。

◇「オリーブの栄光」は、2005年に選出された第265代ローマ教皇ベネディクト16世である。聖ベネディクト教団はオリヴェタン（注・ベネディクト修道会の修道士の一派）としても知られ、最後の教皇は彼らのなかから出て「悪との戦いでカトリック教会を導く」と宣言する。

◇「ローマのペテロ」、聖マラキによると、最後の教皇はペテロという名の人間の形をしたサタンになる。彼は世界中の人々に大きな忠誠心と崇拝の念を抱かせる。彼は予期されていた最後の反キリスト者となる。彼は多くの苦難のなかで群れを養い、その後、7つの丘の都市（ローマ）は破壊され、恐ろしい審判が人々を裁く。終了。

ヨハネス・フリーデというオーストリアの修道士（1204年―57年）が書いた次の予言は、7世紀以上経った今も研究され、議論されています。

自然の著しい変化を前兆に偉大な時が訪れ、人間は最後の厳しい試練に直面する。寒暖の入れ替わりがますます激しくなり、暴風雨はさらに壊滅的な影響を及ぼし、地震は広い地域を破壊し、海は多くの低地を覆い尽くすだろう。すべてが自然の要因によるものではないが、人類は地の底に入り込み、自らの存在を賭けて雲の中にまで手を伸ばす。破壊の力が覆い尽

くす前に、宇宙は無秩序に投げ出され、鉄の時代は無に陥る。夜はより厳しい寒さとなり、昼は暑さで満たされる、変化してしまった自然のなかでの新しい生活が始まる。暑さは地球からの放射であり、寒さは太陽の衰えた光を意味する。あと数年もすれば、日光が目に見えて弱くなっていることに気づくだろう。人工光さえも役に立たなくなると、天上のすさまじい出来事が近づいてくる。

聖ビンセント・フェラー（1350－1419）は、ドミニコ会の宣教師で、その支持者はかつて1万人以上いると言われていました。彼は自分を犠牲にして厳格で規律正しい生活を送り、数え切れない子どもたちに奉仕し、多くの問題を抱えた魂、そして疫病に冒された体を癒し、最終的に教皇カリストゥス3世によって聖人の列に加えられました。彼の予言は次の通りです。

革命と戦争の荒廃の後、終末の前に来る平和の時代に、キリスト教徒は宗教においてあまりに怠惰になり、「秘跡は不要だ」と言って堅信の秘跡（注・洗礼などカトリック教会の7つの秘蹟の一つ）を受けることを拒絶するだろう。

教皇ピウス10世（1835－1914）は、最初の教皇指名で自分はその名誉にふさわしくないと感じて辞退しましたが、1951年にピウス12世によって最終的に聖別された立派な人です。1909年のある日、フランシスコ会修道会の聴衆の前で、ピウスは恍惚状態に陥りました。周りの人たちが静かに驚いて見守るなか、数分後に教皇は目を開けて立ち上がり叫びました。「恐ろしいものを見た！　私がそのひとりになるのか、それとも後継者になるのか？　確かなのは教皇がローマを離れ、バチカンを離れるときには、司祭たちの死体を引き渡さなければならないということだ」

そして、彼は部屋にいる全員に自分が死ぬまで事件を秘密にしておくようにと頼みました。彼の啓示は死の直前に第2の啓示を通じてまもなく明らかになりました。彼は次のように述べています。

私の後継者の一人で同じ名前の者が、信者仲間の死体の上で逃げ回っているのを見た。彼はどこかに隠れるだろう。しかし、短い休息の後、彼は残酷な死を迎えるだろう。神への敬意が人間の心から消えてしまい、神の記憶さえも消し去りたいと願っている。この不敬な行為はまさに世界の終焉の始まりである。

第4章

そのほかの偉大な宗教と世界の終わり

私はカトリック、ユダヤ、ルーテル、米国聖公会の家庭に生まれ、世界中の宗教を勉強してきました。すべてにとても魅力的で美しい側面があり、私たちに気づきと尊敬をもたらしてくれます。

イスラム教

ムスリムとはイスラム教の信者のことで、西暦570年に神、またはアッラーが天啓を人類に伝えるために最後の予言者を地球に送ったと信じられています。その予言者はムハンマドであり、現在のサウジアラビアのマッカ（メッカ）で生まれました。イスラム教徒はムハンマドを神ではなく人間と考えており、彼をアッラーと呼ぶことはありません。アッラーこそは唯一の神であり、私たちの創造者であり、強大にして全知にして慈悲深く、最高主権者であり、崇拝に値するものです。

ムハンマドは幼いころに孤児となり、叔父のアブ・タリブに育てられました。若いころからすでに知恵と実直、寛大、誠実であることが知られていました。40歳のとき、彼はしばしばメッカに近いヒラの洞窟に瞑想のために隠遁しました。そのとき天使ガブリエルが現われて、以後23年間の天啓へと発展する最初のものを与えられ、後にイスラム教の聖典コーランになりました。

ムハンマドは63歳で亡くなりましたが、亡くなってから100年以内にイスラム教はヨーロッパ中、そして東アジアの中国まで広がりました。イスラム教徒はムハンマドを神の最後の使者であり予言者として大切にしています。彼らの崇拝は厳格にアッラーに捧げられています。

イスラム教の予言でもっとも有名なものの一つであるキヤーマ（注・審判の日と復活）の最後の部分は、イスラム教的な黙示録の見解としてとても優雅に要約されています。

大地は陥没する。
東に一つ。
西に一つ。
サウジアラビアのヒジャーズに一つ。

霧や煙が空を40日間覆う。

信じない者は気を失い、ムスリムは病気になる（風邪をひく）。

そうすれば空は晴れる。

3夜続きの夜が霧の後を追う。

それはエイドゥルアハジャ（犠牲祭）の後のジル・ハジ（イスラム暦の最後の月）に起こり、人々は不安になる。

3晩の夜が過ぎると、翌朝には太陽が西から昇る。

この出来事を境に人々の悔い改めは受け入れられなくなる。

1日後、地上の獣が不思議なことにマッカのサファ山から現れ、地面に裂け目ができる。

獣は人々に語りかけることができ、人々の顔に印を付けることができる。

それによって信者たちの顔は輝き、不信者たちの顔は暗くなる。

南からの風はイスラム教徒のわきの下にただれを引き起こし、その結果死ぬ。

カアバ（注・マッカの石の建物）は、イスラム教徒以外のアフリカ人の集団によって破壊される。

クフ（無神論者）がはびこる。

ハジ（マッカへの巡礼）は廃止される。

コーランは、統治者ムハンマドの死から30年後、人々の心から解かれる。

火は人々をシリアに導き、その後そこで止まる。

最初の数年後、キヤーマはソア（トランペット）が吹かれることから始まる。

その年は誰にも知られていない。

キヤーマは創造の最悪の事態に直面する。

イスラム教徒がイエスを非常に尊敬し、名前を口にするときは必ず「彼に平安あれ」という敬意を添えることは付け加える価値があります。コーランは、キリストの無垢な誕生とキリストの奇跡を認め、キリストの再臨を予言しています。実際、イスラム教ではイエスとムハンマドの子孫の予言者イマーム・マフディの2人が、世界の終わりのそのとき、悪に対抗するために地球に来臨し、善の力を結集して人々を導くと信じられています。

ヒンドゥー教

ヒンドゥー教は世界で3番目に大きな宗教で、7億5000万人以上の信者がいます。紀元前4000年から2200年の間にインド北部で生まれたと考えられており、ヴェーダと呼ばれる宗教を実践していたインド・ヨーロッパ人の侵略によってもたらされたのか、それともインドですでに確立されていたヴェーダ文化から発展したのか、その信仰の起源については意見が分かれるところです。

ヒンズー教は一人の救世主や指導者、または指導者集団から成り立ったものではありません。豊かな歴史のなかに予言者はおらず、その創造に至った一連の特別な出来事もありません。その代わりにヒンドゥー教は現実へと進化したようです。紀元前800年から400年の間に、神聖な聖書ヴェーダとウパニシャッドが紙に記録されています。一つの至高の神、ブラフマーの原理を崇拝し、その原理は宇宙と一体であり、同時にそれを超越する唯一の神聖な存在です。ブラフマーには3つの側面があります。

◇ブラフマーが創造主であり、永遠に新しい現実を創り出す。
◇ヴィシュヌとクリシュナは創造物の保護神。永遠の秩序が脅かされるとヴィシュヌはそれを取り戻すために地球に旅する。
◇シヴァは破壊神。

ヒンドゥー教徒は、すべてのものが何もなくなると信じています。ブラフマーが宇宙を創造し、ヴィシュヌがその世話役を引き受け、シヴァがそれを破壊して、ブラフマーが再び周期を開始できるようにするのです。周期は非常に長く、現在のヒンドゥー教の教えではこの周期が終わって新しい周期が始まるまでに、宇宙には約42万7000年の時間があるとされています。これらの周期は時代と考えられており、正統派ヒンドゥー教にはまったくの清廉な時代から絶対的な堕落の時代まで4つの時代があります。この第4の堕落した時代はカリ時代または鉄の時代であり、文明の精神的衰退、暴力、疫病、そして自然破壊によって特徴づけられています。カリ時代はすぐに完全な破壊に進み、清廉な黄金時代へと進み、サイクルが再び始まります。ヒンドゥー教によると、世界の悪と混沌が醜悪の極みに達すると、神の化身が地球に現れ、人類に正義と純粋を取り戻します。ヒンドゥー教の「プラーナ」は神話と歴史を織り交ぜて書かれており、他の宗教の終末概念に相当します。このなかにはヒンドゥー教の周期的な概念からなる一連の予言が含まれています。

◇ヒンドゥー教徒にとっての世界の終わりは、第4の時代であるカリの時代、闇と不和の時代に起こる、自然な成り行きの終焉である。
◇それは一連の黙示録の中の一つで、それぞれは一つの周期が終わると別の創造の周期が始まることを示している。
◇これらの変遷の中心的な神はヴィシュヌであり、世界を再び生まれる前に戻す保護神である。
◇ヴィシュヌはすでに何度も人間を救っており、象徴的にさまざまな形で救世主として登場している。彼は、現在の世界を破壊し、人類をより高い次元に引き上げるために運命づけられた白い馬、カルキとして、間もなく再び現れるといわれている。
◇カリの時代に地球を占領していたすべての王は、落ち着きに欠け、怒りをたぎらせ、常に嘘と不誠実を好み、女性や子ども、牛を殺し、他人のわずかな財産をも奪うことを厭わず、ほとんどが下品な性格で、権力に上り詰め、すぐに堕落してしまう。
◇彼らは短命で貞操観念がなく、貪欲である。人々は他人の慣習に従ってしまい品位を落とす。

そして異常で規律のない野蛮人となって支配者にされるがままになる。彼らは堕落したまま生き続けるため、やがて破滅する。

◇ダルマ（永遠の秩序、正義）は、カリ時代になると弱くなる。人々は心、言葉、行動で罪を犯す。

◇喧嘩、疫病、不治の病、飢饉、干ばつ、災難が起こる。証言と証拠には確実性がない。カリ時代がいつ沈静化するかは何も基準がない。

◇人々は元気がなく、顔のつやはなくなる。

◇彼らは意地悪で、怒りに満ち、罪深く、貪欲。

◇悪い野望、悪い教育、悪い取引、悪い収入が恐怖を煽る。

◇全体が貪欲で不誠実になる。

◇多くのスードラ（無神論者）が王になり、異端者もたくさん出る。

◇赤系の服装をしたサンヤシン（ヒンズー教の托鉢僧）など、さまざまな宗派が生まれる。

◇多くの人が至高の知識を持っていると公言する。それによって彼らは容易に生計を立てることができるからである。

◇カリ時代には偽宗教家が多い。

◇繰り返される災難、短命、さまざまな病気によってインドは荒廃していく。

◇悪徳とタモグナ（無関心、無為）が支配することによって誰もが惨めになる。

◇地球は鉱物の宝庫としてしか価値がなくなる。

◇金だけで貴族になれる。

◇力こそが美徳の唯一の定義。
◇快楽だけが結婚の理由となる。
◇欲望が女らしさの唯一の理由になる。
◇虚偽は論争の中で勝利を収める。
◇水が乾いていることが土地の唯一の定義になる。
◇賞賛の価値は、蓄積された富によって測られる。
◇礼儀は善行とみなされ、気弱さだけが失業の原因になる。
◇大胆さと傲慢さが博学と同等のものになる。
◇富のない者だけが誠実さを示す。
◇風呂に入るだけで浄化になり、慈善が唯一の美徳となる。
◇拉致は結婚になる。
◇身だしなみが整っているというだけで、礼儀正しさを表す。
◇巡礼地では水が乏しくなる。
◇たくさんのひどい欠点を持つ権力者が地上のすべての階級を支配する。偉そうなふりをしているることがその証明となる。
◇非常に強欲な規則に圧迫され、人々は山の谷間に隠れて蜂蜜、野菜、根、果物、鳥、花などを集める。
◇寒さ、風、暑さ、雨に悩まされながらも木の皮や葉で作った服を着る。

◇そして、23歳まで生きられる人はいない。
◇かくて、カリ時代に人類は完全に滅びる。

カリ時代の描写が、ひどく身近に聞こえるのは、私だけでしょうか。

仏教

伝説によると、２１００年前、インド北部のシュッドーダナ王の妻マハ・マーヤー王妃はある晩夢を見ました。美しく白い象が彼女を取り囲み、彼女の右側から胎内に入るのです。賢者たちはこの夢を、王と王妃との間に高貴な息子が生まれ、もしその子が王宮にとどまっていれば偉大な統治者となるしるしだと解釈しました。しかし、もしその子が王族の血統を断ったなら、ブッダ、つまり悟りを開いた人になると告げました。

美しい宮殿の周囲には、特権階級のシッダールタ王子が触れてはいけない重病人、老人、死にかけの人、そして流浪の聖人を寄せ付けないための高い壁が建てられていました。シッダールタ王子は26歳まで豪華な生活を送り、その半分はヤショーダラー王女との幸せな結婚生活でした。しかし自分の人生には何かが欠けていて不完全だという思いを抱いていました。宮殿の高い壁の向こうの世界への好奇心に駆られた彼は戦車兵のチャンナの助けを借り、城壁を越えて北インドの村々の通りへと秘密の小旅行に出ました。そこで生まれて初めて、病人や死にかけた人、死んだ人、飢えた人を見て心が打ちのめされました。生と死は永遠の周期の一部に過ぎず、生まれ変わりの罠からどうにかして逃れることでしか止めることができないという真実を知らされたのです。

シッダールタの人生が永遠に変わったのは、王子の最後の旅のときでした。一人の男とすれ違い、最初に見てきた乞食とは別の乞食に出くわしたと思いました。その男は背が低く裸足で飢えているように見えました。剃髪した頭で黄色の外衣をまとい茶碗を持って、見知らぬ人が同情して差し伸べてくれる親切を受けていました。しかしもっとよく見ると、その男の顔は平和で威厳に満ちています。王子は深く感動し、戦車兵のチャンナに驚くほど超然とした小男がいたことを話すと、チャンナはその男が修道士で、汚れのない規律ある生活と苦しみから解放されるための旅の瞑想を経て大いなる精神的な幸福を見つけた敬虔な人の一人であると説明してくれました。この経験に強く心を動かされたシッダールタ王子は、偉大なる放棄として知られる決断を下し、29歳のとき、愛する家族、遺産、無限の富に満ちた人生を後にして、苦しみと再生という絶え間ない周期を終わらせてどうにかして自分の周りの悲しい苦悩の世界に真の助けをもたらす方法を探そうと、孤独な探求を始めました。

しかし6年間の過酷な苦痛、自己懲罰、懲罰的な規律、欠乏生活を経てシッダールタは疲れ果て、放置されたまま栄養失調となりました。これでは健やかで啓発された心や精神の妨げになると気づいた彼は、自分自身の体をいたわって力と活力を取り戻し始めました。仲間たちは懲罰的な規律を守ることができないシッダールタを見捨てて軽蔑し、彼は宮殿から去った日と同じくらい孤独になりました。

35歳の誕生日に、シッダールタが美しい森をさまよっていると一人の女性が現れ、ミルク粥をくれました。彼女は「尊いお方、神であろうと人間であろうと、この供物を受け取ってください。あなたが求めている良いものを手に入れますように」と言いました。

次に彼は土地守に出会い、壮大に広がるイチジクの木の下にある刈りたての草のクッションを差し出されました。それは菩提樹、つまり啓蒙の樹として知られるようになりました。その木の下で休んでいたら、これまで自己鍛錬しすぎたことが無駄だったと考え込みました。そして菩提樹の陰で「肌も、神経も、命の血も乾いていくが、この座を放棄するのは、究極の悟りを得たときだ」と誓いました。木の下で休んでいるときに足を組んで座り目を閉じて息を吸ったり吐いたりすることだけに集中していると、精神的に至福の状態に達することができた子どものころのことを思い出しました。菩提樹の下での簡素で一人静かな修行の安らぎが心に蘇り、足を組んで目を閉じ、静かでリズミカルな呼吸以外、すべてのことから心を澄み切った状態にしました。一晩中、森の中にとどろき渡る激しい嵐のなかをじっと座って数々の疑念、恐怖、記憶、渇望、誘惑が沸き起こるままじっと座りました。そして成し遂げようとしていたすべての善で戦ったのでした。

自分の決意が堅くなり、瞑想的な平静が体を包み込んでいくのを感じて、最後に右手を差し出し地面に触れると、地面が唸りました。そこで彼は母なる大地に自分の孤独な巡礼の価値を確認してくれるよう求めました。「大地よ、私はあなたを証人とします！」夜を徹して深い瞑想を続けるうちに、彼は心の闇がどのようにして生まれ、それがどのようにして永遠に破壊されるのかを知るようになりました。過去、現在、そして未来の精神的無知が一掃され迷いは完全に明瞭になりました。シッダールタは「あるがままの姿」を完全に理解し、夜が明けると悟りを開いた釈迦牟尼仏となりました。その教えと神の啓示によって仏教が誕生し、現在では6億6500万人を超える信者がいるといわれています。

釈迦牟尼の生と悟りによって触発されたこの宗教は、物事をあるがままに理解することを追い求めた釈迦牟尼と同じように活動的、自己推進的、個人の責任を持つことを説いています。信者は、もし自分の人生に深みや意味、実体が欠けているなら、釈迦牟尼や周囲の人々に答えを求めず自分自身に目を向け、自分自身の魂の中で自己の変容を見つけるのです。

釈迦牟尼はいつか別のブッダが生まれるだろうと予言しました。弥勒菩薩は現在、ツシタ（仏教における天界の一つである兜率天）に住まわれて、地上で最後の一回、生まれ変わるのを待っています。弥勒菩薩が来る前には釈迦牟尼の教えが消滅し、彼のすべての思い出が消え、聖遺物までもが焼失するとされています。そのときになってようやく弥勒菩薩が現れ、世界の仏教を刷新し、涅槃（ニルヴァーナ）への道を照らすとともに、無知、憎悪、地上の苦しみを消滅させるのです。仏教の予言が弥勒菩薩を次のように描写しています。

弥勒菩薩は遠くまで届く天の声を持ち、肌は金色である。体から大きな輝きが広がる。胸は広く、手足はよく発達し、目は蓮の花びらのようだ。体は高さ80腕尺（注・1腕尺は約45

～53センチ)、幅20腕尺…。その導きのもと、何十万もの人々が信仰生活に入る。

聖典によれば、弥勒菩薩が来臨する前の時代は快楽主義、性的堕落、社会の混乱、身体的健康の欠如などがはびこります。釈迦牟尼と弥勒菩薩のような強力な力だけが次の避けられない周期に世界を変えることができるのです。言い換えれば、仏教徒はこの世の終わりを信じていません。代わりに彼らは創造、破壊、そして再び創造という普遍的な周期を受け入れ、新たな啓発者によって導かれていき、その啓発者は地球上の人類に平和と幸福、涅槃をもたらすのです。

バハーイーの信仰

1844年にイランの商人で予言者ムハンマドの子孫といわれるセイイェド・アリー・モハンマド・シーラーズが宗教運動を起こし、現在のバハーイー信仰として知られるようになりました。彼は「門に通じる」という意味のバーブという称号を得て18人の弟子を集め、彼らを生きた手紙と呼び、彼の言葉を伝えるために国中に送り出しました。その後数年で何千人もの支援者を獲得し、イランの首相を含む数人の強力な論客の注目を集めました。しかし勢力が拡大するとバーブは首相の宗教的影響力を妨げると疑われ投獄されました。

投獄中の１８４８年、バーブは重要な教義書である「バヤン」を記しました。一方、バビス（注・バーブの信奉者たち）たちは、破壊的で信仰を脅かすと見なされ、他の地域のさまざまな宗教指導者とその地域の軍隊から攻撃されていました。

ついに１８５０年、首相とシャー（注・イラン国王の尊称）は、この分裂を引き起こす新しい運動を止めるもっとも効果的な方法として、その創始者のバーブを排除することを決定し、彼をイラン北部のタブリーズに連行しました。バーブは公開処刑場で発砲隊の前に吊るされ、司令部の合図で一団の兵士たちに発砲されました。ところがバーブには一発の銃弾も当たらず、空中に消えたように見えました。バハーイー教ではこれを信仰の偉大な奇跡と考えています。

まもなく見つかったバーブは、最後の言葉を周囲に託して公開広場に連れ戻されました。最初の発砲隊はバーブの処刑に再び参加することを拒み、代わりの射撃部隊が招集されました。処刑は痛ましいことに成功し、遺体は数人の信者によって運び去られ、最終的にハイファの町のカーメル山の神殿に埋葬されました。

バーブの地上での主な使命の一つは、別の偉大な予言者と教師の来臨が差し迫っているのに備え、人類に心構えをさせることでした。１８６３年、イランの貴族を父に持つミールザー・ホセイン・アリー・ヌーリという名のバーブの信奉者が、我こそがその教師であり指導者であると宣言しました。彼は「神の栄光」と訳されるバハー・ウッラーという称号を得て、バーブの処刑後、彼に代わり支援者たちに支持されました。しかしバビスたちはなおも拷問を受けて殺害され続けており、バハー・ウッラーもバーブの誠実さを訴えたことで逮捕されて何度も激しく殴られ、地下の穴に幽閉されました。そのとき、バハーイー教において、菩提樹の下にいるシッダールタの悟りに相当する啓示を見ました。

苦しみに浸っていると、私の頭の上からとても不思議な優しい声がした。振り返ると、主の御名を思い起こさせる一人の乙女が目の前で宙に浮いているのを見た。お顔は神の恵みの光彩で輝き、その頬は慈愛に満ちていた。大地と天との間へ彼女は心を魅了する呼びかけをし、わが魂と神の尊いしもべたちの魂とを歓喜させる言葉を伝えた。彼女は私の頭を指さし、天と地にいるすべての人に言った。「万有のもっとも愛されている神に誓って言います！　汝らはいまだ悟らない。これは汝らへの神の恩恵であり、汝らの中にある神の力である。汝らは悟らないのか。汝らが悟りのなかにいるならば、これは神と財宝の神秘、神の導きであり、また啓示と創造の王国に属するすべての者への栄光である」（ショーギ・エフェンディ著『神は通り過ぎる』より参照）

バハー・ウッラーは1892年に亡くなる前に、バーブの教えに基づいてバハーイー教を創始しました。バハーイー教では至高の存在である唯一の神を信じており、神聖な教師や予言者としてブッダ、アブラハム、イエス、モーゼ、クリシュナ、ツァラトゥストラ、ムハンマド、そしてバーブとバハー・ウッラーが神から遣わされ、人間に「進化し続ける文明」への道を教え導くと考えられています。そして信者はバハー・ウッラーの著作のとおり、「地球は一つの国に過ぎず、人類はその市民である」として、世界の統一を信じています。現代のグローバルな文明社会においては、私たちは偏見を完全に撤廃するルールを作るべきであり、またそのようになっていくでしょう。バハーイー教では、全能の源を共有している世界の偉大な宗教の統合や、極端な貧富の差の解消、世界的な教育の義務化、宗教界と科学界の協調的な調和がなされるべきだと説いており、真実と知恵を探すのは人それぞれの責任であると教えています。

「罪」についてバハーイー教では、外部の悪の力とは何の関係もなく、「善」と「悪」という概念とも必ずしも関係がないと信じています。そうではなく、罪は霊的な進歩を妨げるものであり、正しいことや良いことは霊的な進歩に役立ち、励ますものだとしています。精神的な進歩を妨げる最大の障害の一つはプライドだと彼らは信じています。なぜなら、それは他の人々よりも自分が優越しているという幻想を生み出し、そのどちらも神の意図する世界的な統一を阻むからです。救いは神の裁きではなく、神に近づく道なのです。神が真の完全な幸福の唯一の源です。バハーイー教では神に近いことを「天国」と定義しており、天国は実際の物理的な場所ではなく、地獄とは自分自身の誤った選択によって神から距離を置いて存在する魂のことです。

世界滅亡についての考えとして、一般的にバハーイー教では惑星の激変的な破壊はなく、代わりに神が私たちを創造したときに意図した神聖な統一に向けて、大きな世界的変化があると信じています。この変化は19世紀半ばに始まり、予言の周期が「成就の周期」へと発展して世界の偉大な宗教の終末予言が成就すると神の王国が実現する時代が来ます。バハーイー教の経典には「いつの日か、大地は違う大地になり、また天も同じである」とあります。「大地は、主の光明で輝き、神を讃える。神は、私たちとの約束を履行され、私たちに大地を継がせられし方である」

バハー・ウッラーの銘板には次の言葉が記されています。

私たちが世界とそのすべてを取り払い、代わりに新しい秩序を展開する時が近づいている。（文明の）炎が都市をなめ尽くす日が近づいている。そのとき、偉大な御言葉が公布されるだろう。「王国は神のものであり、全知全能であり、万能である。

バハーイー信仰は世界でもっとも広まっている宗教の一つで、600万人以上の信奉者がインドからイラン、ベトナム、米国、イスラエルのハイファにあるバハーイー本部などで礼拝しています。

エホバの証人

TEOTWAKI（テオトワキ）とは「私たちが知る世界の終わり（The End Of The World As We Know It）」の頭文字です。1870年初頭にチャールズ・テイズ・ラッセルによって設立された、ものみの塔聖書冊子協会（エホバの証人）は、テオトワキのさまざまな時期を予測しました。しかし、その予測が正確だったことは一度もありません。そこで今では「近い将来に」と述べるようになりました。「私たちが知る世界の終わり（テオトワキ）」は「物事の体系の終結」と呼ぶことが推奨されており、地球上に自分の王国を要求するために再臨するイエス・キリストによって予告されます。他の聖書の予言者たち、アブラハム、ヤコブ、エリヤ、イサクも復活し、人類の栄光ある完成に参加するとともに、神はその間にも何十億もの人々が死ぬ世界的な大虐殺となる世界最終戦争を遂行すると信じています。

神の戦争の唯一の生存者はエホバの証人の良い信者である分別を持った大人であり、チャールズ・ラッセル牧師の教えに従うことが必要です。精神的・心理的に問題を抱えた子どもや大人が集団虐殺を生き延びるかどうかは、個別基準で神が決定します。公民権を剥奪されたエホバの証人信者、キリスト教徒、ユダヤ教徒、仏教徒、ヒンドゥー教徒、イスラム教徒の大多数、言い換えれば他のすべての宗教は追放され、雲の中でイエスに会うための携挙《ラプチャー》を経験することができません。

ラッセル牧師は、信者たちに支持されていましたが、一度も自分から救世主であると主張したことも、さらに言えば、宗教の設立を主張したこともありません。彼は完璧に神に献身していると自負しており、聖書への十分な理解と、神との約束を敬虔に全うすることを通して、心と体と人格が完全な状態に回復し、天国で永遠に過ごすことができると信じていました。

ラッセル牧師による聖書の集中的な研究と解釈は、大ピラミッドなどの精神的、歴史的な驚異の研究と相まって、世界最終戦争、すなわちテオトワキの年代についてさまざまな予測を導き出しました。彼の計算の中心はダニエル書４章13―16です。

わたしが床にあって見た脳中の幻の中に、ひとりの警護者、ひとりの聖者の天から下るのを見たが、彼は声高く呼ばわって、こう言った、『この木を切り倒し、その枝を切りはらい、その葉をゆり落し、その実を打ち散らし、獣をその下から逃げ去らせ、鳥をその枝から飛び去らせよ。ただしその根の切り株を地に残し、それに鉄と青銅のなわをかけて、野の若草の中におき、天からくだる露にぬれさせ、また地の草の中で、獣と共にその分にあずからせよ。またその心は変って人間の心のようでなく、獣の心が与えられて、七つの時を過ごさせよ。

ラッセル牧師はこの一節の中で時間を360日と解釈しました。それが7回で合計2520日となり、それを2520年と訳しました。紀元前607年（エホバの証人が主張する古代エルサレム滅亡の年）を起点に2520年を加えると、ラッセル牧師は1914年10月にテオトワキが実現すると結論づけました。1800年後半に書かれたものみの塔聖書の中で、彼は次のように述べています。「世界の王国の最後、そして神の王国の完全な確立は、西暦1914年の終わりまでに達成されるだろう」と。しかし1914年が過ぎても人々の絶滅は起きなかったため、この重要な年についてのラッセル牧師の予言を信じ続けてきたエホバの証人の信者は、重要性を再定義するにとどめました。

テオトワキでの大量虐殺とイエス・キリストの地上への再臨には必ず前触れがあるはずであり、一連の過渡的な出来事が先行するに違いありません。さらにいうなら第一次世界大戦の始まりである1914年は世界最終戦争の前触れだったのではないでしょうか。しかしラッセル牧師は、これらの過渡的な出来事は何年にもわたって起こる可能性があると声明を出し、究極の世界最終戦争の日付は1915年に、さらには1918年に延びることとなりました。

ラッセル牧師が1916年に亡くなると、エホバの証人のJ・E・ラザフォード会長は、ラッセル牧師の計算と予言にいくつかの修正を加えることを決定しました。そして信者たちはイエス・キリストが1874年に地上に現れたという事実を「疑いなく」受け入れるようになりました。ラザフォード会長はその日から遡って聖書や他の精神的な方法で説示された地上の情報源の助けを借り、ラッセル牧師の最初のテオトワキの日付である1914年を確実に1925年に変えることができるという結論を導き出しました。しかし慎重を期して、1925年の正月が近づくと次のように述べました。「1925年は紛れもなく明確に聖書に記された日付であり、1914年の日付よりもさらに明白である。しかし、主の忠実な信者の一人としては、主がその年に何をされるのかを推測するのは僭越なことである」と。

1925年に主が大量虐殺をしないことははっきりしていますが、エホバの証人はあきらめず1932年や1966年のテオトワキの時代への道筋を計算し続け、ほぼ確実と言える1975年秋にたどり着きました。ものみの塔聖書冊子には、「私たちの年表はそれなりに正確なものであり、しかし完全ではないことは認めざるを得ないが、よくても1975年の秋、地球上での人間の存在は6000年期の終わりに向かって進んでいる」と記されています。しかし明らかに1975年がそうではなかったので、エホバの証人では計算と資料を再び研究しました。そして詩篇90章9―10で彼らは手がかりを見つけました。

われらのすべての日は、あなたの怒りによって過ぎ去り、われらの年の尽きるのは、ひと息のようです。われらのよわいは七十年にすぎません。あるいは健やかであっても八十年でしょう。

この80「歳」が80「年」に相当すると彼らは推論しました。そしてテオトワキの始まりは、まだ1914年と思われていましたから、1914年の80年後の1994年が、彼らの探していた世界最終戦争が起こる日となりました。ですが当然のことながら、教会の指導者たちは1994年の意義について、目立つような発表には消極的でした。

エホバの証人の信者は世界中に600万人以上いますが、今日に至るまで、世界の終わりがすぐ近くに迫っていると信じ、それに応じて行動し続けています。信者たちは神の大量虐殺における絶滅から救われるには、神への永続的かつ活動的な証人となることのみと信じ、日々、神への奉仕のなかで、神の御言葉と差し迫ったテオトワキについて伝えています。

モルモン教（末日聖徒イエス・キリスト教会）

天と地は過ぎ去るが、私の言葉は決して過ぎ去らない。その日と時刻については誰も知ら

ない。天使たちも子も知らず、父だけが知っている（マタイによる福音書24章35―36）

この聖書の一節が、末日聖徒を含むいくつかの宗教の信仰理由になっているかもしれません。末日聖徒はキリストの再臨とそれに伴う世界の終わりは避けられないと信じていますが、それが起こる正確な日付や年を予測することは避けています。モルモン教徒として知られる末日聖徒は、私たちが今、この地球上の生命の最後の日々を生きていると説き、唯一の準備方法は、最終戦争の兆候を見ても恐れないことだと教えています。

モルモン教の歴史によると、１８２３年、当時18歳だったバーモント州の少年ジョセフ・スミスのもとに天使モロナイが訪れ、一連の金の板のありかと場所を伝えました。板には神聖文字が書かれており、モロナイの助けを借りてスミスが翻訳し、モルモン書となりました。１８３０年、25歳となったスミスは、出版したモルモン書を手にモルモン教会を設立し、オハイオ州カートランドとイリノイ州ノーブーに信者とともに定住しました。

１８４４年6月、スミスはイリノイ州カーセージで暴徒に襲われて死亡しました。死者とやり取りをしたというスミスの主張に反感を持つ者たちの犯行でした。12人の使徒からなるスミスの評議会の会員であったブリガム・ヤングは、ジョセフ・スミスの後を継いでモルモン教会の指導者となり、１８４６年にはイリノイ州から西へ信徒を導き、ユタ州ソルトレークシティとして拓かれました。

末日聖徒たちは、教会の指導者が予言者であり、予言者は神から継続的な情報を与えられていると信じています。そのなかには神が地球を創造したとき、生き延びるために７０００年の猶予を与えてくれたことや、今私たちは6000年目の地球に存在しているということが含まれています。7000年後のキリストの再臨を前に、地球は戦争や地震などの自然災害、世界的な疫病、経済の崩壊などに悩まされると信じています。

ソルトレークシティのモルモン教の寺院には、東に面して2つの大きな扉があり、神聖なものとして決して使用されません。末日聖徒はイエスが再び地上に来られるときに、それらの神聖な扉を通って中に入り、千年紀と呼ばれる平和の千年を開始すると信じています。千年紀には邪悪な者たちは滅ぼされ、正義の者たちはイエスに導かれ地球で平和に暮らします。長い年月の間に死んだ義人たちは復活し、末日聖徒たちの言葉を借りれば、神に会うために引き上げられます（テサロニケ人への第1の手紙4章17）。

千年紀の終わりまでに、実は悪人を含むすべての者たちも復活するのですが、その上で、キリストの神聖さを否定する者だけが天国から締め出され、外の闇と呼ばれる場所に追放されます。そこは悪魔の究極の目的地です。

末日聖徒たちによれば、イエスの差し迫った再臨を示す特定の兆候として、太陽と月が暗くなり、闇が地球を覆います。そしてイスラエルが力を増し、すべての国はエルサレムに対抗して集結されます。また2人の予言者が殺されますがエルサレムでよみがえることや、バビロンが上昇して降下することが示されています。

世界中の1300万人以上のモルモン教徒は現在、再臨の兆しに目を光らせており、時が来たら隣人である私たちに警告をするでしょう。

ラスタファリアン

1900年初頭、ジャマイカ人のキリスト教徒マーカス・ガーベイは、白人教会に代わるものを同胞に提供するため、アフリカ正教会を設立しました。活動家の指導者で国家主義者でもあるガーベイは、「アフリカへの回帰」と呼ばれる運動や、祖国エチオピアへの亡命、アフリカ王の戴冠などについて、雄弁な情熱をもって語りました。

1930年、もう一人のジャマイカ人レナード・ハウエルが、マーカス・ガーベイの信念に基づく宗教運動を始めました。この運動は、偉大なガーベイが予言した黒い救世主かつ王の中の王ハイレ・セラシエ（新たに戴冠したエチオピアの皇帝）を救世主とするものでした。セラシエはその以前はラス・タファリ・マコンネンという名で知られており、彼をキリストの再来として崇拝する者は自らをラスタファリと呼んだことから、信者はラスタファリアンと呼ばれるようになりました。

ラスタファリアンは自分たちの信念体系を宗教だとは思っていません。政治的な信念であり、単なる生き方と考えており、聖職者も実際の教会もありません。キリスト教とヘブライ語の聖書を編集した「聖なるピビー」（Holy Piby）を研究しながら、家の中で個人的に小さな集まりを開くのが一般的です。ラスタファリアンにとって非常に重要なもう1冊の本は、ケブラ・ナガストと呼ばれ、ハイレ・セラシエがソロモン王の直系の子孫であるという系譜を示しています。

彼らはモーセの十戒を強く信じており、質素、清廉、物質主義の潜在的腐敗、そして彼らの神ジャーへの崇拝と畏れを持っています。また、ラスタファリアンは、髪の自然な成長を妨げたり髪型に手を入れたりするのを禁じているので、ラスタファリアンの典型的なドレッドヘアは文化的に作られたものではなく歴史的に生まれた自然なものです。

伝統的な食事は添加物や保存料を含まない純粋なもので、タバコやお酒、コーヒー、塩、魚介類、肉などは一切摂取しません。ガンジャと呼ぶ有名かつ悪名高いマリファナとの関係は、それが神ジャーの真の意志を知る上で役に立つという信念に基づいています。忠実な信者たちの典型的な集まりではいつも儀式用のパイプを吸います。それはラスタファリアンにとっての聖杯であり、聖なるガンジャが詰められています。

１９６６年にハイレ・セラシエ皇帝がジャマイカを訪れたときは、熱心な信者たちが熱く歓迎しました。彼は１９８０年に亡くなりましたが、信者からは、彼の死は実際には起こらず、この地球を去り、生きて天に昇ったと信じられています。セラシエの誕生日とジャマイカ到着の日は、共に重要な祝日として祝われています。マーカス・ガーベイのアフリカへの回帰運動と予言について、セラシエ皇帝はジャマイカの崇拝者たちに対し、ジャマイカが解放されるまではアフリカに戻ってはならないと語りました。

ラスタファリアンは終末論について独自のとても興味深い信念を作り上げました。彼らは、世界の終わりが１９３０年、ハイレ・セラシエがエチオピア皇帝に即位したときに始まったといいます。

そしてまもなく彼は真の王として姿を現し、裁きの日を宣言するだろうと信じています。善と悪の力は衝突し、肉体を持った神セラシエは正義の人たちを集めて約束の地シオンに帰還させます。その楽園で彼らは永遠に暮らします。そこには抑圧も悪徳もなく、この世の物質主義的腐敗は一切ない社会で、バビロンと呼ばれる地です。

レゲエ界の偉大な音楽家の故ボブ・マーリーは、1967年にラスタファリ運動を主流文化にした功績があると言われています。意外と彼の音楽を知っている人が多いのではないでしょうか。テレビCM「ジャマイカに来る」でボブ・マーリーが歌う「一つの愛（One Love）」という曲は、一つの愛、一つの心、で始まります。このなかにはラスタファリ流の終末論を美しく包み込んだ歌詞があります。そこでは神を味方に聖なる大決戦を戦うことや、皆で一緒に戦えば神様がやって来てくれ、世界が終わることはないということが表現されています。

ゾロアスター教

紀元前8000年頃、ツァラトゥストラが生まれたのは今のイランにあたる地域です。彼の信者はゾロアスター教徒と呼ばれており、多くの神学者がゾロアスター教を現代世界の宗教の前身であり中核であると考えています。それには理由があり、ツァラトゥストラは唯一無二の神、すなわち一神教という概念を受け入れて提唱した最初の予言者であると信じられているからです。この唯一の神であり至高の存在の名前はアフラ・マズダであり、これは「神の創造主」と「至極賢明」を意味する言葉を組み合わせた名前です。彼はまたイエスが生まれる数千年前に、処女のもとに救世主が生まれると信じていました。

ツァラトゥストラは、神であるアフラ・マズダが人間を創造したのは、人間が生涯を通じて善と悪の間で選択する自由とその選択の結果に直面する義務があるからだと信じていました。言い換えれば、私たち人間は人生の善悪の原因です。アフラ・マズダのせいにすることもなく、ある種の悪のせいにすることもないのです。ツァラトゥストラは悪魔サタンを信じていませんでした。そして私たちの人生の目的は、世界が完成に向かって進んでいくなかで、世界の再生に参加することだと考えていました。闇と戦う方法が光を広げることであり、悪と戦う方法が善を広めることであるように、憎しみと戦う方法は愛を広め、生まれながらの権利である神の本質を映し出すことだと考えています。ツァラトゥストラは、私たち一人一人の内に神が宿っており、宇宙の自然法則と道徳の法則を尊重して行動することを義務と説きました。

「アシャ」とは、宇宙の基本法則であり、自然の成り行きと天国の原型、そして四季、潮の干満、日の沈み、月の昇りなどの現象の確かな繰り返しを表す理念です。物理的な創造のすべてはその基本法則、アフラ・マズダの神の計画と秩序によって支配されています。この法を否定することはアフラ・マズダが創造したものとアフラ・マズダ自身を否定することとなります。この秩序を乱すのが「ドゥルジ」であり、アシャ対ドゥルジの対立は現在進行中の戦いとして嘘と真実、混沌と秩序、地球の破壊と創造、愛と憎しみ、戦争と平和などにまで及びます。

ツァラトゥストラは、私たちの命が地上から去るとき、霊的実在としての魂は死後4日目に体を離れると教えています。もし、私たちが人生のなかで神を中心とした良い選択をし、自分自身や他人を愛と思いやり、思慮深さのうちに扱うなら、魂は光の領域と呼ばれる歌の家に行きます。しかしアフラ・マズダが創り出した宇宙の自然と道徳的な法則に逆らって生きてきたのであれば、魂は闇と離別の領域に向かっていきます。ツァラトゥストラは「光の領域」と「闇と離別の領域」が実際の物理的な場所ではなく、「アフラ・マズダとの一体感」と「アフラ・マズダとの分離」のどちらかの永遠の状態であると信じていました。

ツァラトゥストラの終末論の概念は、紀元前500年頃の歴史上最初に記録された終末予言と考えられています。ゾロアスター教の聖典であるバフマン・ヤシュト（祈祷書）には次のように記されています。

終末の日は100の冬の10回目の終わり」に始まり…太陽はもっと見えない…年、月、日がもっと短くなる…地球はもっと不毛で、作物は種をつけないだろう…人間はますます欺瞞的になり、卑劣な行為にふけっていく。彼らには感謝の気持ちがない。

善と悪の間には最終的に大きな戦いがあり、善が勝利すると、アフラ・マズダは溶けた金属と神の清浄な炎で地球を浄化するとしています（ゾロアスター教徒は火そのものを神聖なものとは考えていませんが、キリスト教徒にとっての十字架と同じようにアフラ・マズダの力の象徴として非常に重要なもの)。そしてアフラ・マズダは、地球上のすべての魂の審判を始めます。

アフラ・マズダは最終的に善を創り悪は作らない慈悲深い神であるというツァラトゥストラの信念の通り、悪とみなされる者や罪人であっても、永遠の地獄に追放されるのではなく、3日間の罰を受けた後に赦され復活します。アフラ・マズダの大いなる浄化が行われれば、地上のすべての苦しみは終わり、全世界に完全性がもたらされます。

現在、世界中でおよそ300万人のゾロアスター教徒がこの美しい信仰を実践しています。

ペンテコステ派

1901年、カンザス州トピーカのベテル聖書学校の祈祷会で、アグネス・オズマンという名の女性が自発的に、それも話者自身が知らない言語で話し始めました。祈祷会を主導したチャールズ・フォックス・パーハム牧師は、この現象を使徒行伝2章1―4節に基づいて、聖霊のバプテスマを示す聖書の証拠だと解釈しました。

五旬節の日が来て、皆が家に集まっていると突然、激しい風が吹いてきたような音が天か

ら起こり、家中に響きわたった。舌のようなものが炎のように分かれて現れ、一人一人の上にとどまった。すると、一同は聖霊に満たされ、御霊が語らせるままに、異言で語り出した。

パーハム牧師はこの信仰の創設理念の一つとして、使徒行伝第2章第38—39を引用しています。

すると、ペテロが答えた、「悔い改めなさい。そして、あなたがたひとりびとりが罪のゆるしを得るために、イエス・キリストの名によって、バプテスマを受けなさい。そうすれば、あなたがたは聖霊の賜物を受けるであろう。この約束は、われらの主なる神の召しにあずかるすべての者、すなわちあなたがたと、あなたがたの子らと、遠くの者一同とに、与えられているものである」

パーハム牧師はトピーカから移り、信仰復興集会と宣教を引き受けました。テキサス州ヒューストンで彼の生徒の一人だったウィリアム・J・シーモアというアフリカ系アメリカ人がいて、彼は隔離された部屋の外に座ってパーハム牧師の話を聞くことが許されていました（注・南部の法律では黒人が聖書学校の中に入ることを禁じられていた）。シーモアはロサンゼルスに移り住み、1906年4月12日、聖霊の力に満たされて圧倒された体験を契機として、使徒信仰の教会を組織しました。エドワード・リーという紳士の家で知り合った少数の信者たちとアズサ通りにある廃墟の教会を借りての船出でした。

今日の伝統的なペンテコステ派の教派の大多数は、ウィリアム・シーモアと「アズサ・ストリート・リバイバル」（アズサ通りで起こった精霊運動）を彼らの教会の発祥として信望しています。

旧約聖書の五旬節はイスラエル人のエジプト脱出後に始まり、収穫の宴とも呼ばれていました。過越祭の後に最初の穀物の供え物が刈り取られてから50日後に行われたことから、ギリシャ語の「50数える」という意味のペンテコステという名がつきました。なお、新約聖書の五旬節はイエス・キリストが十字架につけられてから50日後に始まりました。

ペンテコステ派の信者のなかには、異言は聖霊のバプテストの印であるが、救いの必要条件ではないと信じている人もいます。また、悔い改めてイエスの名においてバプテストを受け、聖霊を受け入れることを必要だと強調する人たちもいます。しかし、すべてのペンテコステ派にとって、聖霊を受け入れなければ救済は不可能だと信じられています。聖霊の働きはペンテコステ派の信仰の不可欠な基盤です。聖霊は救われたすべての人の中にあるというのは、キリスト教では珍しいことではありませんが、ペンテコステ派は伝統的なキリスト教の教派とは異なり、バプテストを経験した人々のなかにこそ聖霊がより深く入り込み、神とのより緊密な関係をもたらし、神の奉仕のために力を与えてくれると信じています。

聖霊はまた、過去の罪の影響を中和し、人間の誘惑への傾向を取り除く恵みの行為である「聖化」ができるとしています。救済が得られるのは、自分たちの罪を心から悔い改め、イエスを救い主として崇拝する人たちだけであり、ペンテコステ派は聖書を究極の神聖かつ絶対の権威として信じています。

文字通りの聖書の解釈で、ペンテコステ派はヨハネの黙示録に予言された世界の終わりの兆候を警戒しており、21世紀はその兆候に満ちていると感じています。例えば、国際的な動きとして国民一人一人にすべての個人データを保持するIDカードを与えること、また社会保障番号、医療記録などを記録したマイクロチップを国民一人一人の皮膚の下に埋め込むRFID（無線周波数識別）技術を挙げています。このような展開は、黙示録13章16―17に含まれている終末前の警告である可能性が高いと彼らは考えています。

また、小さき者にも、大いなる者にも、富める者にも、貧しき者にも、自由人にも、奴隷にも、すべての人々に、その右の手あるいは額に刻印を押させ、この刻印のない者はみな、物を買うことも売ることもできないようにした。

ペンテコステ派の人々は、ロシアのプーチン大統領の影響力、シリアとイスラエル間の緊張の高まり、国際テロ、イランの核開発、米ドル安、中国の経済や軍事力の成長、世界的な天候の変化などを、聖書が予言してきた終末の兆候として指摘しています。言い換えれば、多くのペンテコステ派の人々が兆候を心配している間は、私たちは世界の終わりが来ることを、またはすでに来ているということを心配する必要はありません。

バプテスト教会

バプテスト教会は17世紀のイギリスで、イングランド国教会の分離派思想から生まれたという説もありますが、多くの人々はそれが本質的にはイエスによって設立されたものであり、以来ずっと存在し続けていると信じています。永続的な信仰の源はマタイによる福音書16章18におけるイエスの宣言です。

そしてこの岩の上に私の教会を建て、死の力でもそれを打ち負かすことはできない。

バプテスト教会とそのほとんどの教派について、その基礎を形成する一般的な信念があります。

◇神の霊感を受けて書かれた聖書はすべての人間の信念と行動を導く原理を明らかにする。
◇天地の創造者であり支配者である真の神はただ一人。三位一体は父なる神と子なるイエス・キリストと聖霊によって創造される。
◇人間は完璧に創造されたがエデンの園の原罪を犯すことにより自らの意志で恩寵を失った。
◇イエスは処女だったマリアから生まれた。

◇イエスは私たちの罪のために死に、復活して天の御父の横に鎮座された。
◇聖書は真の悔い改めと信仰によって生まれ変わるならば誰もが救いを得ることができると示している。
◇キリスト教の洗礼は信者の水に浸ることであり、信者になるための必須条件である。バプテスト派の歴史家ウォルター・B・シャーデンが言葉にした「4つの自由」は称えられるべきものである。
・魂の自由（魂は信仰に関して自分自身で決断することができるということ）、
・教会の自由（地元の教会の活動に外部の干渉があってはならない）、
・聖書の自由（利用可能なもっとも信頼できる資源であり、各個人には聖書の独自の解釈をする権利がある）、
・宗教の自由（それぞれの人は自分の宗教を選ぶか、自分には宗教がないかを自由に選ぶことができる）。

1833年にジョン・ニュートン・ブラウン牧師が「ニューハンプシャー信仰告白」と呼ばれる文書を起草し、それに基づいてバプテスト派は宣教師社会を結成しました。信仰告白が最初に書かれてから175年の間に、いくつかの修正がなされてきましたが、今でも広く受け入れられており、この本は、世界の終わりについてのバプテスト派の信念を明確かつ簡潔に述べています。

私たちは世界の終わりが近づいていると信じている。最後の日には、キリストは天から降りて、死者を墓からよみがえらせ、最後の審判を行うだろう。そこでは厳粛な分離が行われる。邪悪な者には永遠の懲罰が、正義の者には永遠の喜びが宣告される。この裁きは、天国や地獄における人間の最終的な状態や、正義の原理を永遠に定めるだろう。

ジャイナ教

ジャイナ教には1200万人を超える世界規模の信者がおり、起源は紀元前6世紀の古代インドと言われますが、今もなおインド最古の書物の発見と翻訳が続けられているので、本当の起源は今も調査が続いています。ジャイナ教は仏教の草創の原動力の一つであったというのが通説ですが、仏教のように単一の教祖がおらず、教義や真理は「ティールタンカラ」と呼ばれる一連の教師たちによって発展し、明らかにされてきました。おそらくそのなかでも最後のもっとも熱心な教師はヴァルダマーナ・マハーヴィーラで紀元前599年に生まれました。マハーヴィーラがジャイナ教を創始したとされていますが、歴史家たちはマハーヴィーラが登場し、その言葉を広めることに人生を捧げたときには、すでに何世紀も前からこの宗教が存在していた可能性が高いと考えています。

ジャイナ教徒は、人間であろうとなかろうとすべての生物は永遠の魂を持ち、魂は平等であると信じています。彼らは他の人間を殺すことをいかなる状況であれ口にすることのできない恐怖行為であると考えており、僧侶や修道女から一般の会員に至るまでジャイナ教を実践するすべての人が厳格な菜食主義者であることを命じています。

自分の行動に対する責任と結果を重要視するカルマの概念は、ジャイナ教の信仰にとって非常に大切なものです。カルマはそれを生み出した行為と同じ生涯に現れることもあれば現れないこともあります。しかしそれを逃れることはできず、私たちが受けるものには肉体的、言語的、精神的なものが含まれます。

ジャイナ教は、タパスと呼ばれるエネルギーが生と死との相互作用によって生み出され、それが誕生、死、再生という一定の周期を動かす原動力になると教えています。その周期をサンサーラと呼びます。ジャイナ教の究極の目標は、輪廻とその避けられない苦難や悲しみを超越し、モークシャ（注・ジャイナ教で言う涅槃や天国）の完全な至福のなかで生きられるように模範的な規律の生活を送ることです。

正しい信仰、正しい知識、正しい行動、これがモークシャにつながる「三宝」の道です。この「宝」には、５つの基本的な法律と禁欲が含まれています。

◇アヒンサーと呼ばれる非暴力
◇サッティヤと呼ばれる真実性
◇ブラフマチャリヤと呼ばれる貞節。（ジャイナ教の僧侶と尼僧は完全な独身を貫き、信徒は

結婚以外の貞節を貫く)

◇アスティーヤと呼ばれる窃盗の禁止

◇アパリグラハと呼ばれる貪欲さや物質主義からの禁欲

ジャイナ教は基本的に、時間を完全な円、または2つのつながった半円または周期として認識しています。基本原理としては時計を想像してください。ウツァルピニ(進行的周期)は、人類が最悪の状態から最良の状態へと進化する6時から12時の間の時間に相当します。12時に近づくにつれてより幸福で健康的、より強く、より倫理的となり、精神性が高まります。そして12時から6時までのアブサルピニス(退行的な時間周期)が私たちの最善から最悪への避けられない下降を引き継ぎます。円全体は6つのアラ、つまり長さの異なる周期に分割されます。ジャイナ教によると、私たちは現在アブサルピニスの第5アラにいて、人間の価値観や精神主義が緩やかに悪化しており、ウツァルピニが再び始まるまでにはほぼ2000年かかります。

生命を周期ととらえれば、宇宙は創造されたのではなく、宇宙とその中に住むジーヴァ(魂)はモークシャへ向かうまで永遠に続くというジャイナ教の考えは道理にかなっています。世界の終わりは祝福をもたらすというのが彼らの見方です。なぜならそれは痛みやカルマの影響で満たされた誕生、死、再生という永遠のサイクルからジーヴァが解放されることにほかならないからであり、ジャイナ教の究極の達成、モークシャの永遠の至福に至るからです。

ジャイナ教の原理とその多様性が、それぞれの個人の「世界の終わり」にどのように作用しているかを示すさわやかで簡素な物語があります。男はジーヴァを表し、舟はアジーヴァと呼ばれる魂や人生を持たない非生物を表しています。

ある男（ジーヴァ）が大河の片側から反対側へ渡るために小さな木の舟（アジーヴァ）を作った。渡っている途中、舟が浸水し始めた（水の奔流は魂に宿るカルマの氾濫であるアースラヴァを表し、舟に水が溜まることはバンダと呼ばれカルマの脅迫的な束縛を表す）。男はすぐに栓をして水の侵入をふさぎ、水を舟の外へかき出した（栓はサンヴァラと呼ばれカルマの奔流を止めることを表し、水をかき出すことはニルジャラーと呼ばれカルマを捨てること）。

その努力が実り、男は川を渡り、目的地のモークシャ、つまり永遠の救いと自由と至福へ無事にたどり着く。

第5章
予言者が語る世界の終わり

聖書以後の予言者には、その才能以外に共通点は何もありません。一般の人々と予言の啓示を共有しようという意志のある人は別として、典型的な予言者のような人は存在しないし、神がこの特定の才能の受け手として選んだ集団もないようです。

この章では、予言の正確さに実績があるごく一部の重要な「終末予言者」を紹介します。私が偶然魅力を感じたこの少数精鋭の人々の間でさえ、終末の日がいつどのようにやって来るかについて意見が一致していないことに気づくでしょう。

エドガー・ケイシー

エドガー・ケイシーほど私を魅了し、その作品群に魅力を感じた超能力者、予言者、透視能力者はいません。彼の人生は1877年に始まりました。ケンタッキー州の農場の少年で、初等教育を終えた後は文法学校に進みました。そして1945年に亡くなるまで、彼は「眠れる予言者」として世界的名声を得て、深い自己誘発的なトランス状態のなかで治癒や精神的、形而上学的な口述、予言を成し遂げました。しかし目が覚めているときにはそのどれをも思い出すことができませんでした。

ケイシーの予言と透視の才能は予告なしに現れました。ケイシーは写真家としてささやかな生活を送っていましたが、20代前半に病気のために声が出なくなり、医学的治療もうまくいかず、1年後、友人のアドバイスで催眠術師の治療を受けることになりました。地元の催眠術師との最初の診察のとき、ケイシーは催眠術師が誘導するより自分から眠ったほうが効率的だと提案しました。何年も前に自分が楽に眠れることを発見していたからです。そして深い催眠状態に陥ると、ケイシーは自分の声を失った状態の正確な説明と診断をし始め、友人と催眠術師を驚かせました。彼は中等教育を終えていましたが、学生時代から読書には興味がありませんでした。それなのに彼は熟練した医師の解剖学的な専門知識をもとにした複雑な生理学的指示の一覧を書き、付き添っていた催眠術師に伝えたのでした。ケイシーが催眠中指示した「声帯を弛緩させ、特定の麻痺した筋肉に酸素と血液を戻すため動脈を開く」という提案を受けて、催眠術師が言われた通りにすると、声は完全に回復し、催眠状態から目覚めました。

エドガー・ケイシーが「寝ている」間に病気を診断して治す才能を持っている噂はまたたく間に広まり、すぐに全国の相談者から自分の病気を治してほしいという手紙や個人的な訪問を受けるようになりました。しかしはじめのうちは要請を断っていました。彼は中等教育しか受けていなかったため、そのような素晴らしい責任を引き受ける十分な知識を持ってはいないと思っていたからです。目が覚めているときは、催眠状態中に示した専門知識の記憶がないため、自分の治療法が信頼に値するかどうかが信じられなかったこともありました。しかし、医学では1年以上も治せなかった自分の症状が催眠術師の助けを借りてどうにか治すことができたことに対しては、彼自身反論ができませんでした。そこでついに、自分がもし本当にこの才能を与えられており、苦しんでいる人々の助けになれるなら、少なくとも努力すべきだと考えるに至ったのでした。

ケイシーの「フィジカルリーディング」の仕事は、生涯を通じて続きました。リーディングのときは、妻のガートルードに相談者の名前と住所、リーディングを約束した時間だけを伝えてもらいました。催眠状態になり、「はい、私たちには体があります」という言葉が始める準備ができたという合図でした。ガートルードは相談者からの質問の手紙を読み、秘書のグラディス・デイビスが近くに座って速記しました。

1923年のある日、当時まだ写真家の仕事を続けていたケイシーは、仕事中にアーサー・ランマーズという名の印刷工に偶然出会いました。ランマーズは形而上学の世界とケイシーの能力に魅了され、今までケイシーが行ってきたのとは違うリーディングを依頼しました。ケイシーが催眠状態のとき、ランマーズは生、死、死後の世界、魂の本質、未来、それらの霊的に向かっている方向に沿って質問し、ケイシーの眠っている心が何を答えてくれるか確かめました。それが「ライフリーディング」と呼ばれるようになった2000以上のやりとりの始まりであり、ケイシーは、相談者の人生や人生全般の形而上学的な側面について話し合いました。深い専門知識と深みを持って提示された哲学は、彼の保守的なプロテスタントの生い立ちとは完全に正反対でしたが、最終的にこれらのリーディングを通して、彼は輪廻に対する免れ得ぬ確信を持つとともに、回答は彼から出ているのではなく、彼を「水路」としてやって来ているという認識に到達しました。彼は、対象者の潜在意識から情報を得るとともに、アカシック・レコードという宇宙の永遠のすべての思考、瞬間、言葉、出来事の集合体である無限の記憶と歴史から答えを得ていると確信していました。

エドガー・ケイシーは生涯で1万4000回以上のリーディングを行い、それらの記録は300冊以上の本となっています。必然的にこれらのリーディングは多くが人類の未来、地球の未来、そして世界の終わりに関するものでした。ケイシーは、一連の自然災害、戦争、経済破綻、大規模な社会不安を予言しており、それらのすべては神の王国が地球を支配するための道を開き、神聖な平和と悟りを人類全体に繁栄させるとしています。

大変動を予言しても、ケイシーは人類が方向を変えさえすれば危機は避けられると確信していました。彼は、予言を人間には避けられない無益なものとしてとらえるのではなく、警告として反応すれば、非常に役に立つ可能性があると信じていました。エドガー・ケイシーの未来とキリストの再臨の未来像は次の通りです。

◇1920年代後半に予想されること…2000年頃、地表の変化によって地球の両極が移動する（NASAによると1998年に極地の氷冠が融解し海流が赤道に向かって流れ始めることで、地球の磁場が継続的に変化するとしている）。

◇もしベスビオス火山かペレ火山の活動がカリフォルニアの南海岸よりも、またはソルトレイクとネバダ州南部に挟まれた地域よりも大きくなったら、その後3か月以内に地震による洪水が予想される。しかしこれらの火山活動は北半球よりも南半球に多いだろう。

◇大西洋（失われたアトランティス大陸）と太平洋（失われたレムリア大陸）に陸地が出現する。そして現在の多くの国の海岸線は、海の底になるだろう。今現在戦場である大半が大洋や海、湾になり、陸の上では新世界秩序のもと、互いに取引を行うことになる。

◇地球はアメリカの西部で分裂するだろう。

◇日本の大部分は必ず海に沈没する。

◇現在のニューヨークの東海岸の一部、あるいはニューヨーク市そのものがほぼ消滅する。しかしここには別の世代が生まれる。同時にカロライナ州南部、ジョージア州が消滅する。

◇期間中は争いが発生する。デイビス海峡（グリーンランドとカナダの間）付近はライフラインが維持されているため、注意が必要である。リビア、エジプト、アンカラ、シリア、オーストラリア上部の海峡、インド洋、ペルシャ湾でも警戒が必要。

◇予言者や賢者によって約束されたように、「主の日（世界の終わり）」はすでに到来しており、今、この世代に約束は実現している。主は「天に上って行かれるのをあなたがたが見たのと同じ有様でまたおいでになるであろう」（使徒行伝1章11）。そのとき主を信じる者たちが道をきりひらき、主が来られるようになったときに主は来られる。彼はあなたがたが見たように、ガリラヤにいたときの体で来られるであろう。十字架につけられた彼の体である。あなたがたが彼の言葉を書き記したときの彼の約束を読みなさい。「彼は千年の間支配する。そのあと悪魔はその獄から解放される」（黙示録20章6―7）

◇地球上での劇的な変化そのものをきっかけに、私たちはキリストの再臨に備え、「新しい条件の秩序が生じる」ことをここで述べてきた。低い場所だけでなく高い場所にも浄化が必要だ。そして、それぞれの魂が兄弟を守っていくために、個人へのより大きな配慮があるべきだ。そうすれば、政治的、経済的、そして全体の関係のなかで平等化が起こるか、あるいはそれが必要であるという理解が深まるようなある種の状況が生じてくるだろう…このアメリカは新しいアトランティスとは言い難いが、平和の千年、千年王国となるだろう…そうすれば、主を愛する者のために平和と愛が君臨するように、忠実な者の行いと祈りは、御父に栄光を与える。

アイザック・ニュートン

現代物理学の父であり、重力理論と光学理論の発見者でもあり、歴史上おそらくもっとも偉大な数学者アイザック・ニュートンは、1642年のクリスマスの日にイギリスのリンカンシャー州ウルズソープに生まれました。父はアイザック誕生の3か月前に亡くなり、母はアイザックが3歳のとき、新しい夫と暮らすために彼を祖母のもとに残して出ていきました。

8年後に戻ってきた母は、息子を中等学校に入学させ、アイザックはグランサムにある地元の薬屋に下宿することになりました。そこで彼は化学と科学全般に対する興味を持つようになったのでした。

17歳になると、亡き義父の跡継ぎとして農業を手伝うため家に戻りますが、農業には向いていなかったため再び学問の道に戻り、ケンブリッジ大学に入学、数学と科学の天才的な才能が開花しました。ケンブリッジ大学では彼の師アイザック・バローがニュートンに教授職を与えるため、有名なルーカス教授職（ケンブリッジ大学の現職の数学教授に与えられる称号）を辞しています（現在、ルーカス教授職の称号はスティーブン・ホーキングが保持する）。

ニュートンは、反射望遠鏡の製作、微積分、天文学、物理学、重力、運動、力学、光学に至るまで、あらゆるものに対する世界の見方を永久に変えたことで有名です。著書「数学的諸原理」は今でも世界でもっとも偉大な科学的著作であり、それはニュートンが10年前に第1部を書いて引き出しに入れたままだったものを友人のエドモンド・ハーレーが偶然知って出版したものでした。

彼はその才能を地球上のあらゆる学問的研究に応用する一方で、神学、年代学、聖書にも応用し、生涯情熱を注ぎました。彼はキリスト教がイエスの教えから逸脱しており、聖書は文字通りの真実として読まれるべきだと確信していました。そしてダニエル書とヨハネの黙示録の両方に書かれた世界の終末に特に魅了されていました。

彼の死後6年後の1727年に出版された聖書に関する唯一の本『ダニエルの予言とヨハネの黙示録の観察』では次のように述べています。

ダニエルとヨハネの予言は世界の終わりが来るまで理解されないだろう。幾つかの予言は人々を長い間苦しみと悲しみに沈ませたものの、ほとんどは理解できないようにあいまいに予言されていた。それでも最終的には多くの人を納得させるように予言書を解釈しなければならない。ダニエル書の一節「人々は知識を増そうとあちこち行き巡るだろう」は、もし福音書の一般的な伝道内容が近づいているとすれば、この言葉は主に私たちと子孫のためにある。世界の終わりについて、賢者は理解するが邪悪な者たちは理解しないだろう。この予言の言葉を聞き、そこに書かれていることを守っている者、また読み進んでいる者たちは幸いだ。

1704年、アイザック・ニュートンはヨハネの黙示録に関するいくつかの書簡を書きました。世界の終わりがいつ来るかについてニュートンは、ダニエル書の不特定の節から分析して計算した数学的結論として、キリストの再臨は世界的な伝染病や戦争に続くものであり、聖徒たち自身による一千年に及ぶ地上の治世に先立つものであると予言しています。これらの書簡は3世紀にわたって注意深く保存収集され、1969年にイスラエル国立図書館の手に渡りました。2003年2月には、紙切れに殴り書きされたアイザック・ニュートンの世界の終わりに関する公式な計算が初めて公開されました。その年はニュートンによれば2060年だろうということです。

もっと遅く終わるかもしれないが、すぐに終わるとも言えない…これは、終わりの時がいつになるかを断言するためではなく、終わりの時を頻繁に予言している空想的な人たちの軽率な臆測に終止符を打つためだ。なぜなら彼らの予言が失敗するたびに、聖なる予言の信用を失墜させせるからである。

これでわかりましたね。2060年。この年が、あなたもよく知る世界でもっとも聡明な数学者が聖書の情報から計算した世界の終わりの日です。

ヘレナ・ブラヴァッキー夫人

ヘレナ・ブラヴァッキー夫人は、恐れ知らずの冒険家、超常現象の熱心な研究者、信憑性に疑いのある透視能力で騒がれた興味深い女性であり、精神主義とオカルト科学研究のために設立された神智学協会の共同創立者です。著書『秘密教義』は、非常に才能のある予言者としての能力を確信させる本です。

彼女をもっとも辛らつに批判する人々のなかには、彼女を完全な詐欺師だと一蹴する人がいた一方、アルバート・アインシュタインは『秘密教義』のコピーを机の上に置いていました。

彼女は1831年にロシアで生まれました。父は兵士で、母は小説家として成功していました。17歳のときヘレナはニキフォル・ブラヴァッキーという2倍以上年上のロシアの将軍と愛のない結婚をしましたが、3か月で逃げ出し、その後、最小限の時間しか一緒に過ごさないという条件で再び夫のもとに戻りました。

そのころから彼女は祖父の家で降霊会を始め、すぐに超常現象や彼女の透視能力に興味を持つロシアの知識人たちを魅了し始めました。彼女の魅力はその能力だけにとどまらず、夫と暮らしていながらエストニアの心霊主義者や既婚のオペラ歌手と恋愛の浮名を流しました。しかし生まれつき障害を持った息子ユーリが生まれたとき、父親だと名乗り出る恋人は誰もいませんでした。

息子が5歳で亡くなると、彼女はそのショックからロシア正教の神への信仰を打ち砕かれたと一度書いています。しかしその後、「深く信じる瞬間がありました…キリストの血が私を救ってくれたのです」と述べ、信仰の一部を持ち続けていることを示したのでした。

神秘的なものを探求するためのお金と相談者が減ってくると、ブラヴァツキー夫人は旅に出ることを決意しました。そしてオデッサ、エジプト、パリを巡るなか、当時アメリカで勢いを得ていた心霊主義運動のことを耳にしました。これが探していた新しい出発点であることは確かでした。彼女は1873年7月、知名度もほとんど持たないままニューヨーク行きの汽船に乗船しました。そこで彼女は1年以上も苦労して、時折の降霊術と低賃金・悪条件の工場の仕事でやっと生活を成り立たせていました。

しかし、1874年10月、ヘンリー・スチール・オルコット大佐に自分を売り込むためにバーモント州の人里離れた農場を訪れたとき、ブラヴァツキー夫人の人生は劇的に変わりました。オルコット大佐は農場で降霊会を行っていたある兄弟についての一連の調査記事を書いていました。ブラヴァツキー夫人は、彼こそが会うべき人だと確信しました。そして農場に10日間滞在し、エディー兄弟と交霊会を行って、オルコット大佐にとても好印象を与えました。

オルコット大佐はブラヴァツキー夫人に関するいくつかの記事を書き、彼女がそれをロシアで翻訳出版を申し出ると大いに喜ばれました。それらの記事と口コミのおかげで、ブラヴァツキー夫人の名声はニューヨーク中に広がり始めました。さらに重要なことに、オルコット大佐との関係は、

1875年の「神智学協会」の設立にまで発展しました。この組織は、東洋と西洋の間の哲学や、宗教、科学の文化的理解を重視し、現在も繁栄を続けています。

すでに物議を醸していたヘレナ・ブラヴァッキー夫人の言動がさらに話題になったのは、交霊会にはっきりとした霊の一団が出現したと主張したときでした。ブラヴァッキー夫人が3人のはっきり現れた霊の前に座っているところを撮影した悪名高い写真が有名です。彼女はその霊たちを「霊的指導者」と呼びました。個人指導霊のエル・ミオラ、朱色のマントをまとったサン・ジェルマン、そして教育指導霊であるクートフーミは、ブラヴァッキー夫人を介して『秘密教義』を含む著作の多くを導いたと述べています。1888年に執筆された『秘密教義』には、否定できない多くの予言があり、一例を挙げます。

1888年から1897年の間には、自然の覆いに大きな裂け目ができ、物質科学は壊滅的打撃を受けるだろう。

「物質科学」とは、世界は物質的で目に見える有形の要素だけで構成されているという当時の科学者の見解を指しています。この近視眼的な見方は、1895年にウィルヘルム・レントゲンがX線を発見して肉眼では見えない現実の世界を明らかにしたことや、1896年にアントワーヌ・ベクレルが放射能を発見したことで永遠に変わってしまいました。

『秘密教義』にはエネルギーの現実についての予言も含まれており、発表された1800年代当時は大多数の科学者たちの信念と相反した内容とされていましたが、その後に事実が立証されています。彼女が発表した予言をいくつか紹介します。

◇原子は分裂されるだろう（11年後の1897年、J・J・トムソン卿が電子を発見）。

◇分裂された原子は絶え間なく動いている（12年後の1900年、マックス・プランクの業績は物理学の量子論の基礎を築いた）。

◇物質とエネルギーは変換できる（17年後の1905年にアルバート・アインシュタインは相対性理論を発表した）。

ブラヴァッキー夫人の予言は必ず地球とその地理的、精神的未来に及びました。そして彼女はアトランティスやレムリアの失われた大陸が再び現れると強く信じていました。

イギリス諸島近くの地点から伸びている高さ9000フィートの大西洋上の隆起峰は、最初は南米に向かって傾斜しているが、次にほぼ直角に移動してアフリカの海岸に向かって南東方向に直線に進行する…この尾根は大西洋大陸の名残である…さらにそれを追跡することができれば、それがインド洋にあったかつての大陸との接合部であり、海底の蹄鉄型をした接合部だった事実が立証できるだろう。約1万2000年前のアトランティスの最後の残骸が水没した後、教え継がれてきた神秘的で宗教的な謎は、秘密の覆いで隠された。

1996年3月、ディスカバー・マガジン誌は、彼女が1世紀以上前に記述した地域の衛星写真を公開しました。ディスカバー誌は写真について「大西洋中央海嶺は、グリーンランド沖からホーン岬の緯度までの海の中心を蛇行している…南アフリカの下では、南西インド洋海嶺がシューっというロケットのように、あるいは巨大で漫画のような深海モグラの痕跡のようにインド洋に向かって突進している」と説明しています。またその何年も前の1954年には、アメリカ地質学会の会報が、同じ大西洋中央海嶺の頂上探検について「石灰岩の石化の状態は、それが空中、すなわち水面上、地表上の条件下で石化された可能性があり、海山の頂上は過去1万2000年以内に島であった可能性を表している」と説明しています。

ブラヴァッキー夫人は、予言の範囲を世界の他地域にも広げ、『秘密教義』に記しています。

イングランドはこのような大変動、または別の大災害の前夜にあり、フランスも同様だ。ヨーロッパは全般的に驚異にさらされており、大変動の前夜にある。アトランティスに起こったような世界的な破壊が起こるだろう。アトランティスの代わりにイギリス全土と北西ヨーロッパ沿岸の一部が海に沈む。これとは対照的に、沈んだアゾレス諸島、ポセイドニス島は再び海から隆起する（ポセイドニス島は、アイルランドほどの大きさの島で、アトランティスの残骸と考えられている）。

地質学的大変動の予言のほか、精神面での地球の最終的な未来には楽観的な予言を残しています。

私たちは現アーリヤン・カリ・ユガ、すなわち暗黒時代の5000年周期の終わりに来ている。これは光の時代に引き継がれるだろう。今でも私たちの目の前では、新しい人種、または複数の種族が形成されようとしており、アメリカではすでに変革が静かに始まっている。この種族は精神的に変化し、より完全な霊的存在へと向かうだろう。

ハーバート・ジョージ・ウェルズ

ハーバート・ジョージ・ウェルズは、「明日を発明した男」として知られる多作な作家であり社会活動家で、作品を通して人類と地球の前途に待ち受ける事柄を予言しています。ウェルズは1866年9月21日にイギリスのケント州ブロムリーで勤勉な労働者の両親のもとに生まれ、幼少期は豊富な本に恵まれて育ちました。母はウェルズ家の近くの屋敷で家政婦をしており、彼は機会あるごとに母に付いて行き、屋敷の広大な図書館に忍び込んでは、母の仕事が終わるまで本を読んでいました。

若き学生時代は、家のために学業を一時中断してカーテン職人の見習いとなりましたが、再び大学に戻ると科学に集中し学士号を取得、1893年まで学校で教鞭をとったのち、執筆に専念しました。その間、私生活のほうも変化に富んでいました。大学を卒業した翌年の1891年、彼はいとこのイザベルと結婚し、妻と両親を支えるために2つの仕事をこなしていましたが、そのために結核を患うことになりました。

その後、彼はイザベルの元を去って生徒の一人だったエイミー・キャサリン・ロビンスという若い女性のもとへ行き、1895年に再婚しました。彼の子どもは全部で7人ですが、エイミーとの間には2人だけ子をもちました。

ウェルズは最初の著書となる『タイム・マシン』に情熱を注ぎ、文学界の名作となりました。これは、80万2701年の旅行から戻ってきたある男性の物語で、風刺と闇の科学が見事に融合した作品です。タイム・マシンの技術的原理とその詳細は、ウェルズ自身予期していませんでしたが、現実の科学と物理学に対する明らかな先見性が見られます。例えばタイム・マシンが時間空間連続体であると表現したのは、アインシュタインが同じテーマに関する理論を発表する何年も前のことでした。

ウェルズは『宇宙戦争』や『モロー博士の島』などのSF小説の草分けとして文学的な成功をおさめ、打ち解けた率直な人柄でしばしば急進的な社会評論家としても評判となりました。彼は下層階級を擁護し、公平で平等な人類の共同体を熱烈に信じ、フェビアン協会と呼ばれるロンドンの社会主義組織に加入しましたが、指導者たち、特に作家のジョージ・バーナード・ショーとは口論が絶えませんでした。ウェルズはこの論争好きなファビアン協会との関係を小説『ニュー・マキャヴェリ』の基礎として使っています。

H・G・ウェルズはまた、人が人に対して残酷な行為をし、それがどんなに悲惨に見えたとしても未来はまだ戦う価値があると強く信じていました。この基本的な命題に触発されて、20世紀で2

番目のベストセラーとなった『世界文化史大系』をはじめ、多数のノンフィクション作品が生まれました。その明確な洞察力から国際連盟の調査委員会会員となり、レーニン、スターリン、フランクリン・ルーズベルトと会合を持つようになり、英国議会へ立候補するに至りました。

1946年8月13日に死ぬまで、H・G・ウェルズは100冊以上の本を書きました。そのうち半分くらいは架空の内容ですが、次の予言を、実現の何年も前に書いています。

◇原子爆弾
◇1940年、英国が第2次世界大戦に参戦
◇ロンドン大空襲
◇戦車として知られる軍用の乗り物
◇飛行機の軍事利用
◇高速道路
◇コンピュータ
◇都会の過密
◇ウラン爆弾
◇カメラ付きビデオデッキ
◇ニュースが放送されるテレビ

ウェルズは憂うつや不機嫌、悲観主義に陥りやすい人でした。彼が自分のために書いた墓碑銘には、「ちくしょうおまえたち、だから言っただろう」とあります。しかし彼は世界には無限に続く潜在能力があることを驚きと感動をもって率直に表しました。

ウェルズは、もし人類が自滅的な行動を克服することができれば、21世紀の半ばまでに平和、協力、そして習慣的な憎悪、偏見、階級意識から自由になり、不滅の世界に到達できると心から信じていました。この惑星が存続するかどうか、私たち人類が存続するかどうかは、言い換えれば、私たちの選択であり責任なのだと語っています。

グリゴリー・ラスプーチン

私はこの章の冒頭で、典型的な予言者というものは存在せず、神はさまざまな人々に予言の才能を与えていると述べました。グリゴリー・ラスプーチンはその多様性の完璧な例です。

彼は1872年にポクロフスコエというシベリアの小さな村で生まれました。農民である彼の両親は熱心な信仰をしており、グリゴリーの父エフィムは毎晩家族に聖書を読んで聞かせました。この習慣は生涯を通じてラスプーチンに影響を与えました。

子どものころから憂うつになりやすい性質で、特に8歳で兄を肺炎で亡くしたときはひどく落ち込みました。10代半ばにはすでに非行少年と呼ばれ、大酒飲みで無謀な行動をとり、ポクロフスコエの若い娘たちと浮名を流しました。一方で、彼は子どものころから霊能者として評判でした。19歳で結婚しましたが、生活は落ち着くことがなく、飲酒を断つことはありませんでした。馬を盗んだ罪で告発されたとき、彼はポクロフスコエからの追放を宣告されましたが、彼は裁判所を説得し、追放に代わる代替案として父親の代わりを務めて200マイル以上離れたヴェルホトゥーリエ修道院への巡礼を提案、裁判所に認められ、比較的軽い処罰で済んだことを喜びました。

しかし修道院への出発の準備をしていたとき、最初の息子を失いました。彼は旅に出るしかありませんでしたが、それは長く悲しい孤独な旅となりました。ヴェルホトゥーリエに到着した直後、ラスプーチンは広く尊敬されている敬虔な隠遁者マカリイと出会いました。彼はラスプーチンに、息子の悲劇的な死はポクロフスコエに戻って神に命をささげるための神の啓示であると語りました。ラスプーチンはまさにそれを戻ってから実行し、村の人々は初めて見る彼の敬虔さに驚きました。彼は酒を飲むのをやめ、毎日何時間も祈りを捧げました。

幸運なことに、彼はヴェルホトゥーリエ修道院への巡礼を通して、スコプツィという無名のロシア正教の宗派の信者たちにその名を知られるところとなりました。彼らの信仰の仕方はラスプーチンの性質に適合していました。彼らは罪が人間と神との関係において不可欠な要素であると信じていました。罪がなければ告白はできないし、告白なしには許しはあり得ない、許しがなくては神から与えられる魂の清めはあり得ないというものです。それはラスプーチンにとって非常に都合の良い意味をなし、彼はスコプツィの修道士となり、教養があり言葉遣いが上品で強烈なカリスマ性を持つ宗教教師として、広範囲に渡る旅の間に罪を犯していきました。

ラスプーチンは人に与える印象がとても強く、1903年に初めてサンクトペテルブルクを訪れたときも、すぐに上流階級の人々を魅了し始めました。聖書についての徹底した知識や語り手としての軽妙な才能、暗く神秘的なカリスマ性、そして超自然的な能力(今では超能力と癒しの才能の両方が含まれていると言われている)の噂によって、サンクトペテルブルクの社交界をとりこにしました。1905年の帰京の折、ラスプーチンを偉大な神に祝福された敬虔な男とみなした大公ピーター・ニコライエヴィッチと大公妃ミリツァが彼を家に招待し、2人はラスプーチンを友人のニコライ2世とアレクサンドラ皇后に熱心に紹介しました。そして最初の数回の会合では超能力を発揮しなかったにもかかわらず、ラスプーチンは皇帝と皇后に大きな影響を与え、皇帝から聖者と呼ばれるようになりました。

1905年、ニコライとアレクサンドラはすでに4人の娘に恵まれていましたが、王位継承者となる息子のツァレヴィチ・アレクセイ・ニコライエヴィチが誕生すると有頂天になりました。王子の誕生はロシア全土で祝われました。一方で、皇帝と皇后は誕生直後に知った悲痛な秘密を守っていました。王子は血友病にかかっており、もし体力がないと判断された場合、ロシアの王位に就くことができない虚弱で病気がちな子どもでした。アレクセイが小さいころ、ラスプーチンはニコライとアレクサンドラに召喚され、体の不快感を和らげてあげたことが何度もありました。これは紛れもない事実であり、注目されるべきことです。言うまでもなくこの「奇跡」がラスプーチンの王室での地位を確保したのです。

ニコライとアレクサンドラはラスプーチンを心から信頼していましたが、それを盲目的だと言う人もいました。ラスプーチンは有名になってからも、罪こそが神への唯一の真の道であるという信念を捨てたことはありませんでした。そのため、宮殿には自分の寝室、高価な衣装ケース、「浄化」された地元の女性を定期的に選ぶというおまけつきの信仰生活を実践しました。選ぶ女性は、ニコライとアレクサンドラの娘たちでさえ例外ではありませんでした。ラスプーチンと皇女たちとの間に実際に性的接触があったと言う人は誰もいませんでしたが、彼が頻繁に彼女らの部屋で見かけられたため、家庭教師はアレクサンドラに、ラスプーチンを少女たちの寝室から永久に締め出すよう強く勧めました。

第一次世界大戦が激化し、1915年にはニコライ皇帝が自ら進んで東部戦線の指揮を執りました。この作戦がラスプーチンの考えだったかどうかは議論の余地がありますが、少なくともニコライの決断に影響を与えたことは間違いないでしょう。彼の不在によってアレクサンドラ皇后がロシアの唯一の支配者になると、ラスプーチンは本質上、彼女に対して、ひいては国全体に対して大きな力と影響力を持つことになりました。

彼のもっとも重要な優先事項の一つは、自分を中傷する者を政府内の重要な地位から排除し、忠臣に置き換えることでした。ラスプーチンの助言にアレクサンドラがほぼ隷属的に頼っていた結果が、帝国政府の信頼を失った直接の原因になったと今日まで広く信じられています。政府内外を問わずラスプーチンの敵はますます増えていき、政府内では彼を排除することを決定しました。しかし彼は立ち去ろうとはせず、皇后もそれを許そうとはしませんでした。

それからまもなくの1916年12月16日の夜、ラスプーチンはフェリックス・ユスポフ王子の自宅に招待されました。ユスポフの妻に会うことが表向きの目的でした。そしてその夜が、ラスプーチンの力の奇跡を証すものとなりました。ラスプーチンはそれとは知らずに毒入りのケーキと酒を口にしましたがどちらの毒も効かず、ユスポフと共謀者たちはいら立って彼の背中を撃ちました。ラユスポフは床に倒れたラスプーチンに近づき、死んだのか確かめるため身をかがめたその瞬間、ラスプーチンが飛び上がりユスポフに飛びかかりました。ユスポフは何とかラスプーチンから逃がれ、さらに4発の弾丸を彼に向け、そのうちの1発が頭に命中しました。さらにユスポフは棍棒でラスプーチンが動かなくなり声も出なくなるまで打ちすえると、死体をカーテンに包みネバ川に投げ込みました。信じられないことですが、死因は溺死でした。それはラスプーチンの肺に水が入っていたからであり、暗い川に落とされたときにはまだ呼吸があったということを証明しています。

後に判明したことですが、1916年12月、ラスプーチンはアレクサンドラ皇后へ1917年1月の5月以前に自分が殺害されるだろうと予言する手紙を次のように書いています。

私が普通の暗殺者に殺されても恐れることは何もありません。しかし、もし私が貴族に殺され、彼らが私の血を流したら、彼らの手は汚れたままです。兄弟は兄弟を殺し、国に貴族はいなくなるでしょう。

手紙の残りには、ラスプーチンの明確な予言が書かれていました。それは彼が貧しい人々に殺されたら王家は繁栄する、しかし王子の手によって殺されたなら、2年もたたないうちに、皇女とその家族全員が暗殺されてしまうだろう、と。ラスプーチンの死から1年半後、1918年7月16日、ニコライ、アレクサンドラ、そして彼らの子どもたちはボリシェヴィキの警備員によって処刑されました。

「狂僧」として知られるようになったラスプーチンの生涯をめぐる論争が現在も続いているのもうなずけます。かなり卑劣で独善的行動をしているにもかかわらず、人々のなかには、彼は純粋に才能のある治療者であり、超能力者であり、疑いなくアレクセイの命を救ったアレクサンドラ皇后の予言的助言者であったと信じる人たちもいます。

一方では、ラスプーチンは詐欺師であり、そのカリスマ性と催眠術の才能を利用してロシアのもっとも有力な家庭に親しみを持たせ、暗示にかかりやすい病気の少年に癒しの幻想を抱かせたのだと、熱烈に論じる人もいます。

真実は諸説ありますが、彼の予言の多くは第一次世界大戦の最中から生き残ってきました。

人類は大惨事の方向に向かっている。能力の低い人が車を誘導する。これはロシア、フランス、イタリア、その他の場所で起こるだろう。人類は狂人の咆哮に押しつぶされる。英知は鎖でつながれる。無知な者と無能な者が、賢明な者にも謙虚な者にも法を指図する。だから人類の大部分は神ではなく強力な者を信じるだろう。神の懲罰は遅れて来る、それは偉大な懲罰である。そしてそれは私たちの世紀が終わる前にやってくる。そしてついに、知恵は

鎖から解き放たれ、男は母親のもとに行く赤ん坊として完全に神のもとに戻っていく。このようにして人類は地上の楽園に到着するだろう。

アーサー・コナン・ドイル

彼はシャーロック・ホームズを生み出し、小説４冊、短編小説56編を世に出し、南アフリカの部隊では医師として成功しました。またイギリスのボーア戦争への対応を擁護する「南アフリカでの戦争・その原因と行動」という記事で、エドワード７世国王からナイト爵に叙されました。彼は精神主義と来世についての著名な作家であり、講演者でもあります。そして１９３０年に、非常に正確な歴史を示した予言項目を論文に託しました。

アーサー・コナン・ドイルは、１８５９年5月22日にスコットランドのエディンバラで熱心なカトリックの両親のもとに生まれました。医師として働き始めたころ、末期の脳髄膜炎患者の診療を通じて後に彼の妻となるルイーズに出会いました。彼女の姉弟であるジャックの病気と死を通じて、アーサーとルイーズは深く愛し合うようになり、尊敬に満ちた結婚をし、２人の子どもが生まれました。ちょうどそのころアーサーは、成功した医師から才能豊かな作家へと転身しつつあったときでした。シャーロック・ホームズの初めての物語は、１８８７年に出版されました。

1893年にルイーズが結核と診断されたため、アーサーは健康によい土地に移住しようと、1897年にイギリスのサリー州ヒンドズヘッドへ家族で移りました。そこで出会ったのが彼の人生における最愛の人となったジーン・レッキーという女性でした。それからほぼ10年間、アーサー・コナン・ドイルとジーン・レッキーは、情熱的でプラトニックな関係をなんとかうまく続けながら、ルイーズにはジーンのことを隠し通し、妻を決して傷つけないようにしてきました。ルイーズは1906年に亡くなり、アーサーは長い間、健康問題とうつに陥っていました。人生を捧げてくれた妻に隠してきた10年間の罪悪感に苦しんでいたのです。しかし、彼とジーンの愛は続き、2人は1907年の秋に結婚しました。

1881年、アーサーは心霊論に関する講義に出席しました。彼の子どものころのカトリックでは不可知論（注：神など感覚的経験以上の実在を人間は知ることができないとする立場）を否定していた状況を考えれば驚くべきことです。その講義で明らかに何かが彼の魂を動かし、離そうとはしませんでした。彼は心霊主義者の出版物に記事を書き始め、降霊術の会にも出席しました。彼は催眠術（当時流行していた動物の磁気の研究）を志願し、1893年には英国心霊学会に加入しました。英国心霊学会は幽霊の出現や同様の超常現象を調査する組織でした。

1920年、アーサーは心霊論と来世をテーマにした英国およびアメリカ有数の作家および講演者となりました。この仕事は彼のこれまで築いた信頼性を損なうことが明らかであり、勇気のいることでした。しかしその信念はとても強くて深いものであり、彼は1930年7月7日に心不全で亡くなるまで、弁解することなく進んでその代償を払ったのでした。

アーサー・コナン・ドイルのように心が広く多様性があり、霊的な可能性を持つ人は予言者として適任です。彼の予言のうちのいくつかは指導霊のフィニーから来ていて、いくつかはイギリスとアメリカの霊媒師から集めた資料に基づいています。これらはすべて亡くなる直前、心からの関心事として人類に宛てて書いた手短な手紙として公開されており、人々を脅かすことが目的ではなく、単に警戒心と準備を促すことを目的としています。１９３０年、アーサー・コナン・ドイルは次のように予言しました。

◇自然界の変動が起こり、人類の大部分が滅びる。大きな地震や巨大な津波が原因のようだ。
◇戦争は初期の段階でのみ現れ、その後に続く危機の合図のように見える。危機は一瞬にして訪れるだろう。
◇文明生活の破壊と混乱は信じられないものとなる。
◇混乱の短い期間とそれに続く再建。激動の全期間は約3年となる。
◇外部からの脅威の主な中心は東地中海沿岸で、少なくとも5か国が完全に消滅するだろう。
◇大西洋で海面が上昇すると、アメリカ、アイルランド、西ヨーロッパの沿岸部、イギリスの低地の沿岸部すべてに大災害をもたらす波が押し寄せてくる。
◇さらなる大変動が太平洋南部と日本の地域で起こるだろう。
◇人類は、精神的価値観に立ち返ることによって救われる。

ノストラダムス

1503年にフランスのプロヴァンス地方で生まれたミシェル・ド・ノートルダム（またの名をノストラダムス）の予言は、500年以上たった今も徹底的に研究、議論され、賞賛と非難があり、彼自身も予言者としての偉大な称賛と、詐欺師としての大きな軽蔑との両方の対象となっています。

私は決してノストラダムスの専門家だとは言いませんが、彼が若いころは優秀な医師であり錬金術師であったことは知っています。モンペリエ大学で医学の学位を得て間もなくフランス中に蔓延した疫病による無数の犠牲者を治療するため、彼は休むことなく働いていました。奇しくも彼が作った薬草療法がこの不治の病を治療するのに非常に効果があったため、彼は当時致命的な罪であった異端者として非難されました。しかし教皇はノストラダムスの疫病に対する否定し難い成功を聞き、異端の告発を根拠のないものと宣言しました。ノストラダムスは貧しい人々に生涯にわたって寛大なことで知られていました。

ノストラダムスは「諸世紀」と呼ばれる最初の予言書を4年間書きましたが、出版には消極的でした。当時の「予言者」への残酷な宗教的迫害が広く行われていたのを恐れてのことです。しかし最後に、彼は自分の本が社会のためになるのではないかと強く感じ、1555年に出版しました。

ノストラダムスはこの予言を自分が考えたのではなく、神から能力を賜って神の代わりに書いたのだと述べています。そして最初の予言書を自分の息子に捧げ、序文にこう書きました。

私の息子よ、お前の到着が遅かったので、私は神から多くの時間を賜ることができた。夜ごとの祈祷を通して、お前に覚書を残したいと思う…それは、神が私に星の変革から学ぶことを許してくださったものであり、人類の共通の利益のために役立つかもしれない。

彼の予言が正しかったのか、今後も正確なのかにかかわらず、こうした優しさ、信仰心、謙虚、無私無欲な人が、意図的に詐欺を犯すとは思えません。痛ましいことにノストラダムスが闘っていたのと同じ疫病で妻と2人の子どもの生命が奪われ、彼はその後の数年間、巡回医師として過ごしました。彼がこの秘術について積極的に研究し実験し始めたのは、この長く孤独な年月の間でした。

彼が初めての予言体験をしたと思われるのは、フランスとイタリアを往復する日常的な旅でのことでした。イタリアの狭い小道を歩いていると、フランシスコ会の修道士の小さな集団に出会いました。ノストラダムスはユダヤ系でしたが家族がキリスト教に改宗しており、カトリックのなかで育ちました。そのため彼も敬虔なカトリック教徒の作法で修道士を通すために脇によけ始めました。しかし、突然ノストラダムスは彼らの一人フェリーチェ・ペレッティ神父に目が釘付けになり、畏敬の念を覚えて足元にひざまずきました。修道士は驚いて、ノストラダムスに訳をたずねると、「私は身を屈して聖なる方に頭を垂れなければなりません」と答えました。ノストラダムスの死後19年後、その修道士、ペレッティ神父は教皇シクストゥス5世になりました。

ノストラダムスは旅行が終わると、裕福な未亡人と再婚し、6人の子どもをもうけました。フランスのサロンに定住し、そこで予言的な著作を始めました。彼の作品は非常に独特な構成で、カトランと言われる4行詩を書きました。それから、彼は4行詩を「世紀」と呼ぶものに整理しました。1世紀あたり100の4行詩で、彼は生前に合計942の4行詩を書いたのですが、そのなかに、42の4行詩しか含まれていない1世紀がありました。作風としては、あいまいとしか言いようがありません。ギリシャ語やラテン語、綴り換え語、言葉の奇妙で複雑な遊びがあふれていました。

一説では、ノストラダムスは文章を意図的に曖昧にし、予言が誤っているという非難を避けるために難しくて解釈が困難なものにしたとも言われています。ノストラダムスはもし自分が予言者であることを明らかにすれば、拷問や死を含む迫害に直面する可能性があることを知っていました。しかし、もし彼の作品があいまいで混乱させるものであれば、彼を悪魔と同盟を結んだ異端の聖職者だと厳しく非難することはできないでしょう。だから、ノストラダムスの4行詩の本当の解釈についての議論が今日まで続いているという事実は、彼が自分自身と予言の完全性を守る能力があったことを示しています。


ノストラダムスはある4行詩の一つによってフランス王室に引き立てられ、生涯の地位を高めました。それは次のように書かれた詩です。

若い獅子は、老いた獅子を倒す

1対1の戦いにおける戦闘の広場で
彼は金のかごを通して目を突き刺すだろう
2つの傷が一つになって、彼は無慈悲に死ぬ

ノストラダムスがこの詩を書いてから数年後、フランスのアンリ2世国王は、対戦相手のランスに国王の「金」のフェイスマスクをすり抜けて目を貫通されたことで、決闘大会中に殺されました。アンリ王の妻、カトリーヌ・ド・メディチは、ノストラダムスが夫についての予言をしていたことを知っていたため、夫の死後はノストラダムスを個人顧問として遇しました。

ノストラダムスの予言は、数えきれないほどの本や記事、映画のなかで無数の人々によって翻訳、解剖され、分析、解釈されてきました。ここでそれらを公平に扱うことはできませんが、黙示録の議論のために申し分なく役立ついくつかの4行詩があります。ノストラダムスは、世界の終わりまでの長い道のりで世界は3人の反キリスト者の権力の台頭を目の当たりにするだろうと予言しており、彼らは盲目的、隷属的な忠誠心を示さない者をすべて恐怖に陥れ、残酷で残忍な行為をするとしています。これら反キリスト者の第1番目の人物について次のように記しています。

皇帝がイタリアの近くに生まれるだろう
誰が帝国を犠牲にするのか
彼はどんな人と一緒にいるのだろうか

彼は畜殺者より、もっと王子にはほど遠く見える
彼は平凡な兵士から帝国への出世を目指す
彼は短い官服から長い官服を得る
蜂の大群が発生するだろう。

そして、別の4行詩のなかで、

征服された捕虜の王子はエルバに送られる
彼はジェノバ湾を横切ってマルセイユまで航海する
外国軍の多大な努力によって彼は打ち負かされる
彼は火から逃れたが、彼の蜂は樽のそばで血を流す

ノストラダムスの最初の反キリストの正体は、彼の数え切れないほどの研究者やファンにとっては議論の余地がないようです。１７９９年から１８１４年までフランスの皇帝だったナポレオン・ボナパルトは、１７６９年にイタリアの海岸から50マイル離れたコルシカ島で生まれました。彼が治世を通じて「畜殺者」であったという記述に異論を唱える人はいないでしょう。そして、何より彼の皇室の紋章は蜂の巣の象徴でした。ナポレオンはエルバ島に流されましたが１００日間逃走し、ワーテルローでの敗北の後、すべての権力を放棄し、小さな島セントヘレナに追放されました。

2人目の反キリストは、ノストラダムスによって「人類の大敵」であり、操り屋であると表現されていました。

ヨーロッパ西部の最深部で
貧しい人々から小さな子が生まれる
その舌で多くの人々を誘惑する者
彼の名声は東の王国で高まる
彼はこの地を圧制するために来る
彼は長い間眠っていた憎悪を呼び起こす
ドイツの子は法を守らない
叫び、涙、火、血、戦い

別の4行に、ノストラダムスは次のように付け加えています。

ドイツの大尉は偽りの希望に身を任せる
そのために彼の反乱は大きな流血を引き起こす
飢えた野獣が川を渡る
戦場の大部分はヒスターとの戦いになるだろう

これがノストラダムスによるアドルフ・ヒトラーの台頭を予言したものと広く信じられているのは当然です。ヒトラーは１８８９年にオーストリアの貧しい家庭に生まれました。「圧制」「憎悪を呼び起こす」「法を守らない」「その舌で多くの人を誘惑する」などの言及は、「ドイツの子」ヒトラーが精神病質的で残虐で非人間的な怪物だったことを描写するための控え目な表現です。しかし、ノストラダムスの作品を批判する人たちは、「ヒスター」はヒトラーを示す薄気味悪い言及ではなく、ノストラダムスの時代のドナウ川下流の名前だったと指摘しています。これは真の解釈をめぐる議論が終わりそうにない無数の騒動の一つです。

３人目の反キリストについては、ノストラダムスもまた非常に叙述的であり、徹底的な議論の対象になりました。

大アラビアの国外で
ムハンマドの強力な支配者として生まれる…
彼は青いターバンを巻いてヨーロッパに入る
彼は人類の恐怖となるだろう

天から偉大な恐怖の王が来る
彼はモンゴルの王を生き返らせる
戦争の前後が支配する

空は40度5分で燃えるだろう
火は偉大なる新都市に近づいている
火によって彼は都市を破壊する
冷酷で残酷な心
血が流れる
誰にも慈悲はない

２００１年９月11日以前は、「偉大なる新都市」とはニューヨークのことで、「空は45度で燃える」という言葉はニューヨークの緯度45度付近の位置を指していると広く受け止められていました。２００１年９月11日以降、ノストラダムスの予言で「明らか」に言及されていたのは、炎に包まれて塔が崩壊する前に空高く燃え上がり、炎が水平線に対して45度の角度になった世界貿易センターのことでした。

さて、ノストラダムスをはじめとする歴史上の他のすべての予言者について、指摘すべき重要な点があります。彼らの予言は書かれた時代の文脈に置かれなければなりません。例えば、ノストラダムスの世界滅亡の日の予言に関する議論でもっとも広く引用されている４行詩の一つに次のような詩があります。

１９９９年の7か月目に

恐怖の大王が空から来る
彼は、アンゴルモアの大王をよみがえらせ
戦争の前後は幸福に統治する

今もノストラダムスの研究者たちは、4番目の反キリストもしくは反キリストの前駆者として明らかに示されている「恐怖の大王」が誰であり何のことなのかを調査しています。「ほら、1999年にはそんなことは起こらなかった」と言う懐疑論者には、予言の信奉者たちは「彼はまだ正体を明かしていないだけ」だと述べています。また「1999年と7か月目」の日付については多くのノストラダムスの研究者たちが、あまり文字通りに解釈すべきではないと指摘しています。

ノストラダムスは世界を変える出来事と千年の変わり目との相関関係を強く信じていた時代に生きていました（現実を見てみましょう、2000年への移行に伴う騒動の後、私たち自身がその信念を完全に超えることはありませんでした）。ということは、ノストラダムスは遠い未来にその特定の予言の漠然とした日付を見た可能性があり、予言には地球規模の大規模な出来事が含まれていたので、彼はそれが新しい千年紀の幕開けのすぐ近くで起こるだろうと仮定したのでしょう。

世界の終わりにつながるノストラダムスの予言と思われる4行詩がいくつかあります。

人類にとっての大きな不幸の後に、さらに大きな接近がある
何世紀にもわたる偉大な周期が一新される

血と乳と飢饉と戦争と病気の雨が降る
空には火花の尾を引きずって、火が見える

20度のおうし座の太陽
大きな地震があるだろう。満員の大劇場は崩れる
空気、空、陸に、暗闇と困難がある
不信心者が神と聖人を呼ぶとき

土星はさそり座と合流し、射手座に向かう
もっとも上昇したときに
ペスト、飢饉、軍隊の手による死
世紀も時代も再生に近づいている

緯度48度で
蟹座の終わりに、とても大きな干ばつがある
海、川、湖で魚は煮えたぎり、
空の火の中での「南フランス」の困窮
土星と火星が同じように燃える年に

空気はとても乾燥し、長い彗星が現れる
隠れた火の中から大いなる場所が熱を帯びて燃え上がる
小雨、熱風、戦争、襲撃

その大きな山は周囲が４２４７フィートあり
平和、戦争、飢餓、洪水の後
遠くに広がるだろう、大国を溺れさせる
古代の遺跡とその強力な土台までも

遅かれ早かれ、大きな変化が起きているのがわかるだろう
極度の恐怖と復讐
月が天使によって導かれるように
天は清算に近づく

そして、最後に、世界の終わりが来る前に、自分のことを整理し始めるべきかどうか悩んでいる人に慰めを与えてくれるかもしれない詩の一節があります。

月の治世は20年後に過ぎ去るだろう

7000年後は他の同様の君主が治める
太陽が残りの日を制するとき
そのとき、私の予言は終わるだろう。

ノストラダムスの計算によると、人類の歴史は紀元前3203年に始まりました。この日付に7000年を加えると、ノストラダムスは地球が西暦3797年に終わると予言していたという結論に達します。ノストラダムスの最後の予言は次の4行詩に見られます。

大使館から戻ると、王の贈り物が安全に保管されていた
私は神のもとに行くのだから、これ以上働かないだろう
親しい親戚や友人や血のつながった兄弟によって、私はベッドと椅子の近くで死んでいるのを見つけられるだろう。

死の前夜、大使館から戻ったばかりのノストラダムスは、最後の儀式を行うために司祭を呼びました。司祭はノストラダムスが完全に健康に見えたと言いました。しかしノストラダムスは彼に確信を持って言いました。「あなたは夜明けに私が生きているのを見ることはないでしょう」と。翌朝の1566年7月2日、ノストラダムスの家族は、ベッドとベッド脇の椅子の間に横たわって彼が死んでいるのを見つけました。

現代の予言者たち

1970年にキリスト教新生原理主義者、ハル・リンゼイが『地球最後の日』を出版しました。すべて聖書、特にダニエル書とヨハネの黙示録の予言解釈に基づいており、キリストは遅くとも1988年までに地球に再臨し、世界終末の試練の時には、アメリカは重要な地政学的権力にはならず、やがて加盟10か国となるヨーロッパ連合が反キリストの支配する「復活したローマ帝国」へ発展するとしています。出版のタイミングが成功に結びついたことは間違いありませんが、それは差し迫った終末不安を新たにさせました。

イスラエルとエジプト、ヨルダン、シリアのアラブ諸国とが武力衝突した1967年の「6日戦争」は記憶に新しいところです。6日後、イスラエルはシナイ半島とガザ地区を征服し、ヨルダン川西岸とゴラン高原は「占領地」と総称されるようになりました。2001年9月11日の世界貿易センタービルへのテロ攻撃の後、聖書の売り上げが急増したように、6日戦争は地球の物語がいつ終わるのか本当のことをすぐに知りたいという緊張を高めました。そして『地球最後の日』はまだ出版を続けており、これまでに3500万部以上売れ、54以上の言語で翻訳されています。

1988年の予言は明らかに不正確でしたが、リンゼイ氏はヨハネの黙示録を書いたとされる使徒ヨハネが事実上の「20世紀と21世紀の出来事の目撃者」だと信じ続けています。1997年にFOXニュースにテレビ出演したときに彼は言いました。「ヨハネの黙示録を書いた予言者ヨハネはこう言いました。『私は見た、私は見て聞いた』と。1世紀の人間が20世紀末まで進ませられて、実際に技術的な驚異の戦争を目の当たりにしたのです…地球の大気圏に再突入する大陸間弾道ミサイル弾頭、放射能汚染水で地球上のすべての都市が事実上破壊されたのを」

私は黙示録を数えきれないほど読みましたが、その宣言を聞いたときにもう一度読みました。黙示録が「符号化した象徴」の物語と噂されているのは知っていますが、リンゼイ氏にはまったく同意できません。公平を期すために言っておくと、リンゼイ氏が「黙示録の象徴を正確に解釈できるのは神の霊によって導かれたキリスト教徒だけ」という立場をとっているなら、黙示録についてまったく異なる見解を持っている私たちは単なる見当違いをしていることになります。

また、バプテスト派の牧師であるティム・ラへイとジェリー・ジェンキンズが『レフトビハインド』を出版しています。キリストの再臨に関するこのシリーズは6500万部以上売れており、重要なメッセージはイエスの肉体的な復活がすぐに近づいているというものです。彼らの見解では、地球の消滅も急速に近づいています。ラへイ氏は、「私たちには、イエスが2000年前に教会を設立して以来、どの世代よりも今が終末の世代であると信じる理由があります」と語っています。

レフト・ビハインドシリーズでは、文明の終焉を引き起こすものは秘密結社と自由主義団体の世界的な陰謀であり、その目的は「キリスト教のあらゆる痕跡」を破壊することだという立場を取っています。共謀者はACLU（アメリカ自由人権協会）、NAACP（全米黒人地位向上協会）、家族計画連盟、全米女性団体、大手テレビネットワーク、雑誌、新聞、米国務省、カーネギー財団、ロックフェラー財団、フォード財団、国連、ハーバード、エール、その他2000の大学、そして最後に民主党の「左翼」です。ラヘイ氏とジェンキンス氏によると、これらの統一された組織や社会が独自の道を歩むならば、「アメリカは道徳を超越した人間中心の国となり、一国世界社会主義国家への合併の機が熟す」と述べています。

悲しいことに『レフトビハインド』シリーズでは、人間と地球の環境に関心を向けることには触れていません。そして表面上は聖書の文字通りの解釈ですが、世界の終わりが迫っているなかでの博愛主義は提案していません。それは、イエスが考えていたことと完全に矛盾しているように見えるのは、私だけでしょうか？

1970年代半ば、アーカンソー州のシェパーズ・チャペル（羊飼いの礼拝堂）の牧師アーノルド・マレーは反キリストが1981年より前に現れ、世界最終戦争が1985年6月に始まると予測しました。

パット・ロバートソンは1982年の秋に世界が終わるのを見たと言いました。

神の子ら（注：現在のファミリー・インターナショナル）と呼ばれる団体のモーゼス・ダビデは、世界最終戦争の本当の戦いは1986年、ロシアによってイスラエルと米国両方が負かされ、その後、世界的な共産主義独裁政権が樹立、キリストは1993年に地球に戻ると予言しています。

エドガー・C・ウィセーナントは1988年に『1988年に携挙《ラプチャー》が行われる88の理由』を出版

しました。

バプテスト教会の牧師ピーター・ラックマンは聖書を分析した結果、携挙が1990年ごろに起こると確信しました。

この項目は延々と続いており、世界の終わりについての「真実」は引き続き休むことなく情熱的に、そして世界が終わるまで追求されていくに違いありません。

第6章
終末論を説くカルト集団

私はこの本で、世界の終わりとなる最後の日に準備し、災害に備えることを力説してそれが賢明だとお伝えしてきました。恐怖におびえながら人生を過ごし、神からの愛情を魂が気づいていても現実で見失ってしまうのは悲劇です。最悪の事態に備えて防空壕を作って仕事を続けるか、防空壕を作ってそこに隠れて一生を過ごすかの違いです。それは人生とは言えないし、神が望んでいることでもありません。その意味では、終末論を説くカルト集団の成長を支える孤独と恐怖の生活は、100年先の大災害に備えて防空壕の中に身を縮めている生活に似ています。

正直に言うと、この章で紹介する悪夢を体験するよりも、いつの日か世界最終戦争に直面する方がましだと思います。いずれの悪夢も世界滅亡に対する社会の生来の恐怖を食い物にする、巧妙で自己愛的な社会病質者につながっています。彼らは終末がこのままやって来るよりもはるかにひどい運命へと犠牲者たちを導きます。

終末カルト信者たちについてもっとも不安なことの一つは、彼らがあらゆる職業、あらゆるレベルの知性と経済状態、あらゆる文化と人種、あらゆる信仰から来ている人々だということです。私たちにも「それは自分や正気の家族、友人にも決して起こらない」と言うだけの余裕はありません。こうした破壊的なカルト集団に誰が加わり、誰がそれを作り出しているのかを私たち自身が学ばない限り、避けることはできないのです。知識は本当に力です。

終末カルト集団に対し、もう一つ心に留めておかなければならないことがあります。私たちは、カルト集団の犠牲者を単に非常識な変人の集まりと決めつけず、どうせ身から出たサビなのだと見捨てずに同情心を持つべきです。ほとんどの場合、被害者が犯した唯一の間違いは、カリスマ的な社会病質者に出くわしたことだけです 彼らは、被害者たちがもっとも傷つきやすいときにたまたま正しいことを言っていたのです。

このカリスマ的で敬虔に見える男にかかれば誰もが、新しい社会で（もちろん指導者を除いて）平等に重要視され、共通の利益のために懸命に働けて、帰属し、神の意志に対する新しい敬虔な献身によって過去の罪を赦され、信仰に再び心浮き立たせることができます。こうして彼は皆が切望していた予言者であることを証明するでしょう。そして彼は単なる予言者ではなく、まさにその宗教で約束された救世主であり注目されてきた人です。その外見はまさに終末が近づいていることを象徴しており、最終戦争のときに救いの唯一の道を示してくれるのです。

人生が疑問だらけになってきた今、神を中心とした力強い声、「あなたが探している答えがあります。一緒に来なさい」という声には、抗えない魅力を感じてしまいます。そしてこれら反社会的な指導者たちはまさに信者たちを引き付ける方法を知っています。彼らの次の標的は、疑い深くなくむしろ人を疑わないような人で、利己的ではなく寛大な性格であり、一匹狼というよりも集団志向の人、そして怠け者よりも勤勉な人です。そしてもちろん、自分の人生や信念に満足している人たちではなく、自分自身よりはるかに大きく偉大、かつ神聖な何かを信じたいと熱望している人たちを狙います。

カルト集団の野心的な指導者がひとたび潜在的な信者を入信させようと決心したら、それほど破壊的な方法を取るのでなければ、通常はほとんどばかばかしいほど予測可能な勧誘パターンが当てはまります。それは次の通りです。

◇その指導者は自分の神学体系について、矛盾と偽善に満ちた伝統的な宗教とは違った独自の真実を持っていると主張する。

◇その指導者は自分が神から特別な命令や洞察を日常的に受けていると主張する。自分は生まれ変わった救世主か予言者で、神から特別にこの使命を与えられたということや、または転生した救世主か予言者であり、神がこの使命を特別に割り当てたと言う。避けられない滅亡の日が来たときは、その指導者だけが忠実な信者を安全に神のもとへと導くことができるが、他の罪深い非信者は滅びると言う。

◇「献身の試験」として、集団からの什分の一税か信者の地球上の所有物や持ち物の「寄付」のどちらかを主張する（人々を微妙な監禁状態に陥れるには資源を奪うことほど効果的な方法はない）。

◇その指導者は決まって貧しい人々に食べ物を与え、伝道や避難所でのボランティア活動や貧しい人々のための衣類の収集など、人道的で立派な魅力的と言える集団目標を持っている（後になって信者たちは、彼らの努力がすべて内側に向けられたものであって社会全体に向けられたものではなかったことに気づく）。

◇その指導者はできるだけ早く信者を家族や愛する人と引き離し、ある種の共同生活の状況に集める。命を神と、その指導者自身に捧げることによってのみ、1日24時間、週7日、社会の罪から浄化され、世界の終わりを通して純粋で神聖な悟りを受け入れることができると説明する。（人々の心をコントロールするには、別の視点を提供できるすべての人から引き離して孤立させるのがもっとも良い方法である）。

◇その指導者の監視下に入ると、徐々にではあるが確実に、生活のあらゆることが細かく指図され始める。大抵は「聖書の研究」という呆れた課題から始めるが、これは指導者自身が注意深く選んだ一節を勝手に解釈したもので、質問や議論は受け付けない（神である指導者から承認を得られなかったり追放宣告されることを恐れて、徐々に支配が拡大されていき、最終的に信者たちは脅されすぎて自分たちではどんな簡単な決定ですらできなくなる）。

◇「部外者に対抗する我々」という心理が単調な規則性で効果的に強化される。信者たちは家族や友人、法執行機関、国税庁、ATF（アルコール・タバコ・火器及び爆発物取締局）、または他の政府機関などの「部外者」からの干渉を迫害とみなすようになる。これら部外者たちは、地上での救世主の仕事を破壊しようとする不信心な異教徒であり、潜在的かつ致命的な迫害者である。世界の終末が訪れたとき、自分たちの集団から追放されることのほうが、救世主の永遠の懲罰の約束よりも悲惨で恐るべき脅威となる。

幸いなことに、危険な終末カルトの指導者にはいくつかの顕著な兆候があるので、あなたがよく聞いて注意を払って考えれば、どんなに熟練した嘘つきのカリスマ指導者だとしても、わりとはっきり正体がわかります。彼らが「予言者」または「救世主」としてどんな嘘をつくかを紹介します。

◇あなたよりも神との関係が近いと主張する予言者または救世主。
◇神との連絡に自分が必要だと主張する予言者または救世主。
◇神があなたとあなたの未来のため、あるいは人類のために何を用意しているか、自分だけが真実を知っていると主張する予言者または救世主。
◇自分や他の生き物に害を与えるのは神の意志だと主張する予言者または救世主。
◇自分は絶対誤りがないと主張する予言者または救世主。
◇自分を批判したり反対したりする者はみな悪人であり、神の永遠の怒りを受ける運命にあると主張する予言者または救世主。

◇あなたを一貫して愛し、支え、誠実に接してきた人から離れることを要求し、経済的な安定を危うくする予言者または救世主。
◇自分ほどあなたのことを気にかけたり理解したりしている人はいないと主張する予言者または救世主。
◇自分が神や社会の法から免除され、神の免罪符が与えられていると信じている予言者または救世主。
◇恐怖、虐待、脅迫に基づく権力を持つ予言者または救世主。
◇黙示録の啓示が起こったとき、自分が唯一の救いの源だと主張する予言者または救世主。

ヘヴンズ・ゲート

ヘヴンズ・ゲート（天国の門）は、マーシャル・アップルホワイトとボニー・ネトルスによって創設された終末カルト集団で、長年にわたりザ・ツー、ボー、ドゥー、ピープ、ティーなど、自分たちをさまざまな名前で呼び、マーシャルとボニーは自分たちが天の王国からここに来た地球外生命体であることを宣言していました。これは彼らが明らかに好んでいる話にすぎず、実際は精神科病院で患者と看護師として出会ったことが記録されています。

ヘヴンズ・ゲートは1975年に「人間個人の変容」と呼ばれる組織から発展しました。その信者たちは愛する人や仕事、地上の財産を捨てて、来ることのないUFOを待ってコロラド州の砂漠に集まりました。「人間個人の変容」は1985年、がんによるボニーの死後、ドゥーによって設立され、地球の人口が「再生利用」されようとしているというドゥの終末的な信念で団結し、1990年代半ばにドゥーがサンディエゴに移転したときに、ヘヴンズ・ゲートへと発展しました。

ドゥーは弟子たちに、魂は体と分かれており、体の中に一時的に居住する優れた存在であって、体から分離した魂は変容の最終形態であると教えました。ちなみに彼の魂は2000年前に宇宙船でやって来て、イエス・キリストとして知られる人体に宿ったことがあるとしています。その宇宙船で宇宙を旅する地球外生物は人類の知識レベルを高めることを使命としているため、ドゥーは地球外生物を「人間以上のレベル」であるとしています。ヘヴンズ・ゲート信者の目的は天の王国に入るための準備をすることであり、自分たちは地球を支配する悪の勢力から切り離された優れた存在であると信じていました。

準備が完了したら、信者は集団自殺をすることで王国に運ばれ、地上の肉体から魂を解放できると信じていました。彼らの魂は短い睡眠の後、最終的には宇宙船で彼らを待っていた「人間以上のレベル」に吸収同化されるのです。ドゥーによると宇宙船は、1997年に地球の近くを通過したヘールボップ彗星の陰に隠れていました。

ドゥーはビデオメッセージで、地球上の生命の終わりが差し迫っていることを私たちにはっきりと警告しました。「あなたたちを連れて行くことはできますが、ここにとどまったままでついてくることはできません。あなたがたは再生に備え、私たちがこの大気からの脱出を終える前にすぐに出発し、後に続かなければなりません」と。

このビデオテープが作られた直後の1997年3月22日、ドゥーを含むヘヴンズ・ゲートの39人の信者が汚れのないサンディエゴの家のマットレスの上に横たわり、フェノバルビタールとウォッカを混ぜたもので自殺しました。男性18名、女性21名、年齢範囲は26歳から72歳でした。彼らは同じ黒のマンダリン色のシャツに黒のズボン、ナイキの靴を履いていました。自殺は1日目15人、2日目15人、3日目9人の3交代で行われ、遺された者たちはヘヴンズ・ゲートの文字が書かれた紫色の帯で遺体を覆いました。

亡くなった人たちは全員が身分証明書を持っており、ポケットには5ドル札と25セント硬貨3枚が入っていました。その後サンフランシスコ・クロニクル紙の鋭いコラムニストが、それはマーク・トウェインの次の一節を引用したのだということを発見しました。「彗星の尾に乗って天国に行く運賃は5・75ドルだった」と。

信者たちの遺書には、「あなたがこれを読むころには、私たちが身に着けていた人間の体が発見されたのではないかと思います…私たちは宇宙の遠く離れた『人間以上のレベル』から来て、今、地球の仕事のために身に着けていた体を脱ぎ捨て、元いた世界へ戻ります。仕事は完了しました」と書かれていました。

この痛ましく無意味な「仕事の完了」とは、「差し迫った魂の解放と再生」を誇張して悪用したこの男の権力の濫用を証明したにすぎませんでした。

ジム・ジョーンズと人民寺院（ピープルズ・テンプル）

ヘヴンズ・ゲートの悲劇が起こる20年前、高学歴の元キリスト教主流派、ジェームズ・ウォーレン・ジョーンズによって創設された終末カルト、人民寺院（ピープルズ・テンプル）の恐怖がありました。ディサイプルス教会（プロテスタントのキリスト教の一派）で最初に聖職を授けられたジョーンズは、貧困や悲惨な病気にさいなまれて暮らしている人々の救済を使命として、1955年にインディアナポリスに人民寺院を創設しました。彼は、大きな異人種集会で聖書、愛、平等についての宣教を始め、自分にはがんと心臓病を治す能力があると主張し始めました。もともとジョーンズとその組織の活動に目をつけていた政府は初めての捜査を開始しました。

ジョーンズは信者たちにますます影響力を与える存在となり、聖書をうその塊として以前よりも拒絶していきました。そして自分が救世主、キリストの再来であり、核の大虐殺が起こったとき、彼だけが信者の盾となって差し迫った世界絶滅の前に立ちはだかっていると主張しました。悪の社会で彼と献身的な多民族の信者たちは啓発された正義の側であり、大量自殺と同時に起こるキリスト再臨によって核の滅亡の唯一の生存者となり、新しいエデンを創造すると主張したのです。

政府がジョーンズに対する最初の捜査を開始したちょうど1965年、彼が人民寺院を北カリフォルニアに移したことはおそらく偶然ではないでしょう。そこは核攻撃を生き延びる可能性がある米国の9都市の一つに挙げられていました。人民寺院がサンフランシスコとロサンゼルスに広がるにつれ、ジョーンズの福音はますます共産主義的で反キリスト的になり、ジョーンズは危険なほどの躁状態を呈していき、処方薬、主にフェノバルビタールが量を増して常用されていきました。

この同じ時期に、離反者たちがジム・ジョーンズと人民寺院の人権活動や所得税の虚偽の申告について政府や報道機関に告発を始めました。1977年まで綿密な調査がなされましたが、ジョーンズはその圧力に奮い立ち、1974年にもっとも忠実な信者約1000人を率いてガイアナ政府から借りた土地4000エーカーに移住し、農業プロジェクトを開始しました。「ジョーンズタウン」と後に呼ばれるこの計画は、共同体の「約束の地」として期待されました。しかし移住によってジョーンズの健康と正気は甚だしく損なわれ、突然暴れたり、夜遅くまで何時間も拡声器を使ってわめき散らしたりするようになりました。そしてついに、人民寺院の上層部の信者でありジョーンズのもっとも近い顧問のティム・ストーンが組織から離反し、米国に戻って彼自身の結社を結成しました。それは、「憂慮親族」と呼ばれ、ジョーンズタウンの「強制収容所」やジョーンズの掌握から愛する者たちを解放することが目的でした。

「憂慮親族」の取り組みがとても功を奏し、1978年11月、事実を証明するためにメディア関係者がカリフォルニア州選出のレオ・ライアン下院議員と共にガイアナを訪れることになりました。ジョーンズタウンの住民はライアン下院議員一行の到着を出迎えるために共同体のなかの調和を見事に取り繕い、ジョーンズはすべての信者がいつでも好きなときに自由に組織とガイアナから離れることができると言って、関係親族からの報告とは違う事実を訪問者に請け合いました。

　しかしその主張は翌日、ジョーンズタウン在住の記者が脱出の手助けを求める手紙を受け取ったことでまったく信用を失いました。16人の人民寺院の信者たちはその朝、ライアンの一行とともに滑走路に向かいました。彼らを待っていた2機の飛行機に乗り込もうとトラックから降りた瞬間、彼らはジョーンズの一握りの銃撃者に待ち伏せされ、ライアン下院議員と逃げ出した信者、3人の報道関係者が殺害されました。訪問した残りのメンバーも重傷を負いました。

　しかしこの恐怖は1978年11月18日のジョーンズタウンでの筆舌に尽くせない悲劇の始まりにすぎませんでした。ジョーンズは滑走路で命じた殺人と殺人未遂で国際法の執行機関に裁かれることもわかっていましたし、人民寺院が報道機関の監視から逃れられないこともわかっていました。そこで彼は住民を共同集会所に集め、自分と救世主、再臨したキリストへの献身のために、これまで準備してきたこの邪悪な世界からの大規模な集団脱出の時が来たと告げました。つまり彼は老人から無力な子ども、幼児まで含めた人民寺院のすべての信者に対して「革命的自殺」を命じたのです。ほとんどの人は粉ジュースにシアン化物とさまざまな精神安定剤を加えて飲み、ジョーンズは自分で頭を撃ち抜くというはるかに簡単な方法で息絶えました。

　結局、彼の命令だけでジョーンズタウンの住民900人以上と、近くのガイアナの滑走路で5人がその日のうちに命を落としました。彼が熱情をもって警告した核の大虐殺よりもひどい結果で、人民寺院の信者たちは文字通り自分たちの命を託した男の手で残酷に殺されました。

ブランチ・ダビディアン

19世紀の初めにウィリアム・ミラーという人がミラー派という結社を作りました。特にミラー派が予言したのは、世界の終わりがイエス・キリストの再臨を前触れとして1844年10月22日に起こるということでした。しかしその日、1844年10月22日がかなり平穏無事に過ぎ去ったことが、ミラー派には大きな失望として記憶に残ることとなりました。ミラー派は聖書の一節の解釈に基づいて、さらにいくつかの終末の日を選びましたが、これらの日付が1844年10月22日のように意味のない日付であることが証明されると、信者数は大幅に減少しました。それでも、何人かの信者は、善と悪の間に差し迫った究極の戦いとキリストの再臨があることを基本的に信じ、1863年、セブンスデイ・アドベンチスト教会を結成しました。今でも世界中で1200万人以上の信者を擁し、カルト宗教とは対立的な教会として繁栄しています。

1919年、ヴィクター・フーテフという男がセブンスデイ・アドベンチスト教会に入会しました。しかし、彼は教会と教義のいくつかの不備に気づき、10年後、自分の宗派・ダビディアン・セブンスデイ・アドベンティストを結成するためにここを去り、最終的にはそれがブランチ・ダビディアンへと進化しました。フーテフがテキサス州ウェーコ郊外に土地を購入し、マウント・カーメル・

センターと名付けたのは1935年のことでした。

1981年のある日、失読症で高校を中退した22歳の若者でロックスターの夢破れたヴァーノン・ハウエルという男がテキサス州ウェーコのブランチ・ダビディアンに加わりました。それから1990年までの間に彼はマウント・カーメル・センターを重武装で乗っ取り、ブランチ・ダビディアンの指導者となってデビッド・コレシュと改名しました。信者への説明によると「デビッド」は聖書のダビデ家の支配者にちなんでおり、「コレシュ」は、バビロンのユダヤ人捕虜を解放してイスラエルへの帰還を実現したペルシア王キュロスのヘブライ語に由来しています。

コレシュは自分こそが救世主であり、ブランチ・ダビディアンが創設時から期待してきた再臨者で、自ら世界最終戦争を引き起こして信者を安全に救いに導く神の使者であると教えていました。コレシュは信者たちに対し、アメリカ政府との暴力的な戦いを皮切りに終末が訪れることや、自分の導きで信者たちが永遠の命へと進む考えを、延々と続く聖書研究を通して植え付けました。

ブランチ・ダビディアンでは誰も「外部」の人と接触することが許されていませんでした。なぜなら外部の人たちは邪悪で自分たちを正義から遠ざけるからで、正義はデビッド・コレシュ以外の誰にも具現化されていないのでした。

彼には教団内に20人の「妻」がいて、「兵士」を出産する名誉を得ると約束されていました。そして都合よく、ブランチ・ダビディアンの男性全員には独身を誓うよう命じました。一番若い「妻」はコレシュの信心深い信者である10歳の娘でした。コレシュの若い妻やマウント・カーメル・センターの他の子どもたちが命令に従わなかったり行儀を悪くしたりした場合には、「救世主」が要求する激しい殴打のための木製バットがいつも近くにありました。デビッド・コレシュは信者からの完全な献身と絶対的な従順以外の何物をも受け入れませんでした。

次に述べる51日間の膠着状態を伴う悲惨な事件は、アメリカ政府との猛烈な戦いというデビッド・コレシュの妄想が恐るべき現実となって信者たちを世界の終わりに導いた出来事です。政府はマウント・カーメル・センターでのコレシュとブランチ・ダビディアンの不審な活動を監視しており、1993年2月28日、アルコール・タバコ・火器及び爆発物取締局（ATF）から数十人の捜査官が違法な武器の捜索令状を持って現場に到着しました。最初の銃撃戦で4人のATF要員と6人の信者が殺された後、デビッド・コレシュは死んだ仲間を運び出すのに十分な時間だけ数人のATF要員を敷地内に入れました。それからにらみ合いが始まりました。ATFの重火器は真っ向から敷地内を狙っており、おそらく敷地内からも同じだけの重火器がATFを狙っていました。

ATFが手配した直通電話回線でデビッド・コレシュと対話をするために、最強のFBI交渉官が招かれました。交渉団の最優先事項は、中央の壁の向こうで罪のない人質として暮らしている46人の子どもたちの自由を確保することでした。デビッド・コレシュが2分間の説教をラジオで連続して放送し、説教ごとに2人の子どもを解放することが最終的に合意され、最初の5日間で21人の子どもたちが釈放されました。

51日間に及ぶこう着状態の後、ウェーコのセンターに集まっていた政府機関は、もし突入すればセンター内に引きこもっている大人の大半は子どもたちを救うために逃げ出すだろうという大きな誤算をしました。デビッド・コレシュが信者を支配していたことや、死が彼らや子どもたちを救世主の約束する永遠の栄光へと導くことを信じている点をまったく考慮に入れていなかったのです。警官隊たちは戦車と催涙ガスを満載した大隊を持って屋敷に進軍しました。数分のうちにマウント・カーメル・センターは炎に包まれ、約50人の大人と25人の子どもが火災で死亡しました。死傷者のなかにデビッド・コレシュもいました。

ＦＢＩの盗聴によると、デビッド・コレシュが自身と信者の運命を狂信的に完全支配しようとした最後の証が、敷地内を壊滅させた破滅的火災でした。彼は世界の終わりを予言し、自分を信頼していたすべての人々と、そのことにまったく選択の余地を持たない罪なき子どもたちのために終わりを見届けたという意味で、ある意味完全に予言者でした。しかし、ブランチ・ダビディアン信者たちは待望の救世主にもっともっと良いものを期待していたと私は思います。

統一教会と文鮮明

伝説によると１９３６年のある日、韓国の山腹でイエス・キリストが16歳の少年のもとに現れ、天の王国を地上に建設するため神によって選ばれたと知らせました。その少年、文鮮明は自ら救世主、または再臨の主であると宣言し、１９５４年に正式に世界キリスト教統一のための聖霊協会、通称、統一教会を設立しました。半世紀後の現在、会員数は数万人と言われており、世界１００か国で信仰されています。

1957年までに文尊師（自称の称号）は、神の原理と呼ばれる536ページの宣言を書き、この宣言はイエス・キリストによって直接彼に伝えられたと述べています。原理運動支持者（信者を呼ぶ名称）たちは『原理講論』が第3の聖書であり、その権威に忠実に従っています。そして予想通りのことですが、文氏の救世主としての地位に疑問を抱き、原理講論の信頼性を疑う人はすべて悪魔と手を組んでおり、悪魔の手仕事をしているということになっています。文氏の教えの基本は次の通りです。

◇アダムとイブは当初、完全に達するまでプラトニックな関係を持つように作られた。そうしてこそ、彼らは地上に神の国を確立するために結婚し子どもを産むにふさわしい存在になる。しかしイブに悪魔との性の罪、すなわち霊的な恵みからの堕落と、そしてアダムとの性の罪、すなわち肉体的な恵みからの堕落があったために、2人が人類の「真の父母」になるという神の意図は実現されなかった。

◇イブが悪魔と性的関係を持っていたために、贖われていない人間が犯した罪はすべて道徳的な選択ではなく、遺伝的なものである。私たちは皆、イブとサタンの子孫なので罪人であり、言い換えれば、私たちが救われるまで、そして救われない限り罪人である。そして自明のとおり文鮮明が唯一の救い主である。「文氏の救済」は、彼によって「清められる」ことで、女性たちにもたらされる。それは彼との性交を意味し、彼との「血液浄化」を通じて、あるいは文氏によって「清められた」女性と性的関係を持つことによってもたらされる。これは文氏が個人的に主導し祝福した結婚を通じて実現できる。または文氏が配偶者を選ぶことを許し、地上のすべての資産を教会に引き渡し、子どもたちに文夫妻を「真の親」と思うように奨励することなど、文鮮明の全能に絶対的に服従することによって実現できる。

◇統一原理と文氏によれば、イエス・キリストは神の子でも処女の子でもなかった。イエスがめざした目的は、承認された結婚を通して完全な子どもたちの父となることだったが、それを果たす前に磔にされた。十字架はキリスト教徒の贖罪を象徴するというよりむしろ実際には失敗の象徴であり、イエスは肉体的な復活を経験しなかった。神が約束された再臨者はイエスのことではなく、遺伝的に罪のない子どもたちが生まれる結婚を通じて肉体的な救済をするという、神の長らく待ち望んでいた計画を満たす「3番目のアダム」である。文氏の統一原理では彼自身が「第3のアダム」であることを明らかに暗示している。真の三位一体は神、「第3のアダム」、その花嫁で構成されており、地上における神の王国は、文氏とその妻が個人的に整え承認した結婚によってのみ実現できる。統一教会の信者は唯一の「真の家族」である。

◇「真の親」という栄誉ある称号は第3のアダムである文氏と彼の妻以外の何者にも与えられていない（最初の3人の妻と離婚したという事実は、真の親の概念を持つ信者の熱意を損なうことはありませんが、明らかに教会の三位一体の3分の1が交換可能であることを示しています）。救済は肉体的救済と精神的救済の両方が行われたときにのみ完了する。第3

のアダムである文鮮明への完全な服従が肉体的な贖罪には必要であり、精神的な贖罪には新たな教会信者を募る資金調達が必要で、文氏の力を拡大するためのもう一つの手段である。しかし私たち欠陥のある人間が、犯した罪に対して何らかの贖いをしない限り、神はお赦しにならない（ちなみに文氏には12人の子どもがおり、彼らは第3のアダムの父を持ち、遺伝的に浄化されているので罪がないと考えられている）。

◇一般的に予言されている世界の終わりは、実際には地球上の悪の終わりを意味し、それは偶然にも文鮮明の援助によってのみ達成することができる。文氏は自身についての信念を次のように要約し、疑いを入れずに信奉するよう命じている。

「過去の人類の歴史には、聖人、予言者、多くの宗教指導者がいた。ここの主人（文氏を指す）は、これらの人々の誰よりも偉大であり、イエス自身よりも偉大である…私はアルファとオメガであり、始まりと終わりである」

「尊師」文鮮明は、聖書が予言しているようなあいまいな言葉ではなく、２０００年までに地上で救世主が現れることを約束しました。その救世主とは、数千年前にその使命を果たせなかったイエス・キリストではありません。その代わりに生まれたのが１９２０年に韓国で生まれた文鮮明であり、神はこの救世主を認めない人や抱擁を怠ったすべての人を罰するとしています。それから何年も経ちましたが、世界の救世主としての文鮮明の正当性は、私だけでなく多くの皆さんにも分からないままです。

ジェフリー・ラングレン

ジェフリー・ラングレンは１９５０年にミズーリ州インディペンデンスでモルモン教の分派組織、末日聖徒教会（ＲＬＤＳ）で活動する両親のもとに生まれました。彼の父は厳格でしつけに厳しい人で、銃を愛好していたので息子ともその情熱を分かち合っていました。母も厳格で、息子によそよそしくあたっていました。少年時代のジェフリーはかなり太っていて魅力がなく、言いようのないほど傲慢であり、スポーツや学校行事で同級生から賞賛を浴びるような才能をほとんど持ち合わせていませんでした。しかし彼には聖書のとても長いくだりを暗唱するという不思議な才能があり、幼少期から神の存在に対して異常なほどの親近感を持っていました。たとえそれが不誠実で丸暗記によってのみ獲得された能力であっても、彼にとって神は自分の人気と手前勝手な優越心を確立するための安易な手段でした。

セントラル・ミズーリ州立大学に通っていたとき、ＲＬＤＳの仲間のアリス・キーラーと出会い、付き合い始めました。あるＲＬＤＳの指導者が以前彼女に「あなたは真の偉大な予言者と結婚する」と言ったことがあったため、ジェフリー・ラングレンと付き合い始めて妊娠したときは彼が真の偉大な予言者であるに違いないと思い込み、彼に隷属的で従順な妻となりました。

海軍で４年間在籍した後、ジェフリーは傲慢さと無責任さからいくつもの仕事で失敗を繰り返していました。夫としても虐待的で浮気を繰り返していましたが、アリスは彼のそばに寄り添い、４人の子どもを産んで結婚にしがみつき続けました。ＲＬＤＳの真に偉大な予言者を信じなければ痛い目にあうと思い込んでいたのです。

ジェフリーは次第にＲＬＤＳに幻滅しつつあり、本質的にはモルモン教の流れを汲みつつも独自の分派を作ろうと決めました。彼は聖書の一節を延々と暗唱する幼少期の才能を活かし、聖書の真実を明らかにすることが神聖な使命だと宣言しました。本当は傲慢で虐待的な物思いにふける平凡な４人の父親にすぎないにもかかわらず、偽りのカリスマで信者を引き付けたのでした。

信者は増えはじめ、ジェフリーと家族を支援するために寄付が課されましたが、ジェフリーはささやかな寄付にすぐに不満を募らせました。そこで彼は、聖書の指示でオハイオ州のカートランドに移ることにより、神が真の救世主としての力を授けてくれるとして移住を宣言しました。そして家族と忠実な信者たちと共にカートランド近郊の田舎に農場を借りて引っ越しました。ジェフリーが定期的に軍服を着るようになったのはこの農場からであり、聖書の研究中もそうでした。

彼は大きな武器庫を蓄積し、常に装填された銃を携行し、射撃技術と戦闘訓練を混ぜ込んだ祈祷会を行いました。彼は給料を留めることから共同の夕食会で間違った席に座ることまで、どんなことにも決定権を持つ唯一の者となりました。彼は神のお告げを受ける唯一の神託者であり、世界最終戦争の差し迫った戦いでの唯一の救世主であるとし、この惑星の最後の日が迫っていると容赦なく警告して、自分なしでは神と出会って永遠の命を授かる望みはないと主張しました。

ジェフリーによる、霊的かつ神に則ったこれからの組織計画では、まずかつて彼を追放したRLDSの神殿を奪うことでした。信者たちは、世界最終戦争が始まったときに神に会うための約束の旅で居場所を確保するため、神殿を襲うだけでなく邪魔者を誰でも殺すことを約束しなければなりませんでした。兵器が増強され、戦闘訓練は強化され、終わりのない聖書の朗読が続けられました。

1988年2月、信者の一人がとうとうジェフリー・ラングレンが救世主でも予言者でもないと気づきました。その信者ケビン・カリーは、ジェフリーが単に危険で残酷な社会病質者であり、誇大妄想的なごろつきで、聖書の知識と終末の日への恐怖心を利用して完全な支配をしていたにすぎないとわかりました。カリーは農場を抜け出し、ニューヨーク州バッファローへと向かいました。そしてFBIにジェフリーと武器庫のことや、やみくもに従順な部下たちの容赦ない戦闘訓練のこと、さらにRLDSの寺院を占拠する計画を報告しました。FBIはその報告を信じていいかどうか確信が得られなかったので、内容をカートランド警察署長のデニス・ヤーボローにFAXしました。ヤーボロー署長はこの報告を深刻に受け止め、比較的孤立して位置するこの農場でジェフリーと彼の家族と信者の調査を始めました。

ジェフリーはケビン・カリーやFBI、カートランド警察に気づかれないように信者たちに指示をし、神に会うための旅で居場所を確保するにはどうしたらいいか、そして救世主ジェフリーへの献身と完全な服従はどのように証明したらいいか命じました。それはRLDSの神殿を襲うよりももっと身近な目標に焦点を当てることでした。農場に到着以来ジェフリーの神経を逆なでしていたある家族を犠牲（「処刑」と同じ）にすることを命じたのです。

標的となったのはデニス・エイブリーの一家でした。１９８９年4月17日、アリス・ラングレンが幼い子どもたちと一緒に数時間姿を消している間にエイブリー一家はさまざまな口実のもとに一人ずつメインハウスの近くの納屋に連れて行かれ、神の救い主ジェフリー・ラングレンの敬虔な信者たちによって処刑されました。最初に殺されたのはデニス・エイブリー、最後は6歳のカレン・エイブリーでした。遺体は事前に掘った穴に埋められて石灰と土で覆われました。後にジェフリーは「そうしなければならなかった。神によって命じられたのだから」と述懐しています。

殺人事件の翌朝になってカートランド警察とＦＢＩが農場に到着したことは、悲劇的な皮肉としか言いようがありません。彼らは前の晩にエイブリー家が処刑されたことを何も知らなかったのでそれについて尋問に来たのではなく、彼らが武器を集めているという噂とモルモン寺院の乗っ取りの計画についての噂を追いかけるためにやってきたのでした。そして警察はそれに関連するものを特に何も見つけることはできませんでした。警察は捜索令状のための相当な理由がなかったので農場をざっと見ることしかできず、ジェフリーの追随者の誰一人として、前の晩に納屋に埋葬された5人の遺体について警察に自発的に話すことはありませんでした。

殺人事件翌日の農場に警察が突然現れたその同じ日、ジェフリーは信者たちを小さな班に分け、夜の間に間隔を空けて農場を出るように命じました。ジェフリーたちはウェストバージニア州タッカー郡に一時的に移れば、そこで神がラバンの剣の元へ導くだろうと主張しました。ラバンの剣とはモルモン書で神の権威と王権の象徴です。そこからミズーリ州チルハウィ近くの納屋に向かい、寒い冬の1週間を過ごした後、信者に解散を宣言し、春に再び集まるときには寄付金のために仕事を得るよう命じました。

ウェストバージニア州からミズーリ州に戻ったジェフリーはこれまで以上に暴力的で偏執的、誇大妄想的になっていました。塹壕では1日24時間体制で警備し、警察のヘリコプターを撃墜する対空機関銃さえも組織の新たな必需品でした。結婚した男たちは、「彼の種で清められる」というジェフリーの気まぐれに従って妻を差し出すように命じられました。ジェフリーは信者達が恐れて逆らわないことを知っており、それに満足していました。そして自分の指示一つでエイブリー一家に起こったことと同じことが誰にでも起こりうると、信者たちにことあるごとに思い知らせていました。もし彼の怒りを常に恐れているだけでは不十分ならば、さらに地球の終わりがすぐそこまで来ていることを信者たちに何度も何度も思い出させ、彼だけが信者たちの生存の鍵を握っていることや、神の王国へ迎えてくれる神の意志を握っていることを知らしめました。

カルト教団の信者にはよくある心理的な面として、ジェフリーへの献身的な姿勢にはもう一つの恐怖がからんでいました。予言者であり神の子である自分の救世主の神聖さに疑いを持ち始めた人々は、もし彼が詐欺師で嘘つきであったならば、神の意志とは何の関係もない理由で罪のない3人の子どもたちを殺すことに加担したという事実に直面しなければならなかったのです。彼らはジェフリーの正しさを信じることで、自分たちのしたことを堪え忍ぶしかありませんでした。

信者を一時的に解散したとき、ジェフリーは妻アリスと19歳の息子デイモンと幼い子どもたち、忠実な信者ダニー・クラフトをカリフォルニア州サンディエゴに連れて行きました。ここはジェフリーがかつて海軍で任務に就いていた後、しばらくの間アリスと暮らした所でした。この間に、信者の何人かはジェフリーが単なる残酷な殺人狂であると気づき、逃げる機会を得ました。その中にはエイブリー一家の殺人について良心の呵責にさいなまれていたキース・ジョンソンがいました。そして1989年12月31日、キースは、殺人事件やジェフリー・ラングレンについて知っていることをすべてカンザス市の警察に打ち明けたのでした。エイブリー一家の死体を埋めた穴の正確な位置を示す地図まで描いて自供し、それがきっかけとなって1990年1月3日、ヤーボロー局長とミズーリ州カートランド警察署の何人かの係官が、まだ耕作されていない農場に到着し捜索を開始しました。

キースの地図によってエイブリー一家の死体を埋めた穴がすみやかに発見されると、殺された家族が納屋に埋められているという悲劇的なニュースがすぐに地元や全国のメディアの注目を集めました。信者のなかにはエイブリー一家が発見されたというテレビ報道を見た瞬間に自首した者もいました。ジェフリーとアリス、息子デイモン、信者10人に令状が出て、1990年1月7日、ジェフリー・ラングレンとアリスとデイモンがカリフォルニアのホテルで逮捕されました。警察は「救世主と偉大な予言者」が集めた武器と弾薬の備蓄も押収しました。その後、予期されていた法的な争いの末、ラングレン一家はミズーリ州の刑務所に送還され、そこで昔からの帰依者たちと再会し、一連の裁判を待ちました。アリスとデイモンはそれぞれ終身刑を言い渡され、ジェフリーの信者のうち9人には量刑の少ない判決が下されました。勇敢な情報提供者として主要人物となったキース・ジョンソンは免責を与えられました。

「私は実際に神と話すことができ、神の声を聞くことができます。これは私の想像の産物ではありません。私は神の予言者です。私は予言者以上の存在です」という主張を始めとした、陪審への慈悲を求める4時間にわたるあきれた嘆願は退けられ、ジェフリー・ラングレンは死刑判決を受けました。死刑執行日が近づくと、彼は自分が肥満と糖尿病によって「残酷で異常なほどの痛みを取り除かなければ死刑にすることはできない」と裁判所に申し立てました。裁判所はこれに同意せず、2006年10月24日火曜日、救世主、そして偉大な予言者、あるいは殺人者、女たらし、窃盗常習犯、自己陶酔者、社会病質者と呼ばれたジェフリー・ラングレンは処刑されました。この日が彼自身の終末だと私は思いますが、ジェフリーが終末を説いたときに信者たちが抱いた結末とはまったく違っていたことでしょう。

マンソン・ファミリー

チャールズ・マンソンと敬虔な信者である「ファミリー」が犯したアメリカの犯罪史上もっとも悪名高い殺人は悲劇的な出来事としてよく知られています。1969年、5人の若者が、マンソンの指揮と絶対的な支配の下、ロサンゼルス地域の2つの高級住宅地で見知らぬ7人を惨殺しました。マンソン・ファミリーの徹底した宣伝、その残虐行為、裁判制度の道筋、そして何よりもまず、その小柄で狂気じみた指導者チャールズ・マンソンが、ほとんどの人の心に「麻薬中毒のヒッピーの狂気」という消えることのない記憶を残しました。これらの殺人者たちは、彼ら自身も認めるとおり薬物におぼれており、1960年代後半の多くのヒッピーたちと同じように外見も生活も共同の規定のない環境のなかで過ごしていました。マンソン一家の歴史的な悪評の影でしばしば見失われてしまうのは、その核心に、チャールズ・マンソンを救世主とする終末カルトがあったという事実です。この事実は、聖書が読む人の心や動機によってねじ曲げられたりひっくり返したりできることをはっきり示しています。チャールズ・マンソンがヨハネの黙示録に対する複雑な自己解釈を本当に信じていたのか、それともそれが効果的な操作装置であることを発見し、ただ使っていたのかは、誰にも分かりません。

チャールズ・マンソンは、1934年11月12日、オハイオ州シンシナティで生まれました。彼の母は16歳でした。父の身元ははっきりしておらず、マンソンは父に会ったことはないと主張しています。マンソンの姓は、母がウィリアム・マンソンという老人と短期間結婚したことに由来しています。マンソンは不安定な子ども時代を過ごしました。母が武装強盗で刑務所に入っていて何日も何週間も家を空けていたため、ほとんどの期間を祖母に育てられて育ちました。

少年院と刑務所を行き来し始めたのは12歳のころで、13歳のときに初めて武装強盗を犯し、19歳まで刑務所と少年院の出入りをしていました。多くの刑務所の指導員とわずかな人数の精神科医が彼を鑑定しましたが、全員が彼のことを情緒障害があり不安分子であると判断していました。同時に、ある一人はマンソンを「人を扱うためのある種の小手先のテクニックを持っている、それは…ユーモアのセンスと、人の機嫌をとる能力から来るものだ」と述べています。実際、彼は10代のころにデール・カーネギーの「友達を獲得し、人を惹きつける方法」の講座を熱心に受講し、修了しなかったにもかかわらず、いくつかの有効なヒントを得ていたようです。

また、ポン引きとしてロサンゼルスで本格的な稼業を始めたとき（1955年、オハイオ州で盗んだ車でロサンゼルスに渡った）には、将来「ファミリー」を惹きつけるのに効果的な方法をいくつか身につけました。さまざまな連邦法違反のために投獄される時間が増えましたが、その間、彼はサイエントロジー（アメリカの新興宗教）、聖書、仏教に手を出し、この3つすべてから専門用語を取り入れ、作詞作曲、ギター演奏、そしてもっとも重要なのはビートルズに夢中になったことでした。

チャールズ・マンソンは刑期を終えると、さまざまな理由から帰属意識や何か大きな存在の一部であることを求め、10代後半から20代前半の若者の信者を増やし始めました。そしてファミリーの一人が言ったように「神を探して国中を旅」しました。

彼は、1960年後半のヒッピー運動でもっとも有名な場所の一つ、サンフランシスコのヘイト・アシュベリー地区に住み始め、ファミリーの最初の女性信者と共にロサンゼルスに戻りました。そこでマンソンはギターを弾き、作詞作曲をし、女性を引き連れて、近づいてくる世界最終戦争に関する哲学を磨きました。その合間にビーチボーイズのドラマーだったデニス・ウィルソンとレコード・プロデューサーのテリー・メルチャーの好奇心を引きました。メルチャーは女優ドリス・デイの息子で、ハリウッドヒルズを横切るベネディクト・キャニオン近くのシエロ・ドライブ10050番地の邸宅に女優のキャンディス・バーゲンと一緒に暮らしていました。

ある晩マンソンは、デニス・ウィルソンがテリー・メルチャーをシエロ・ドライブまで車で送って門で降ろしたときにたまたま同乗していました。シエロ・ドライブの邸宅にはその後、テリー・メルチャーに代わり、映画監督のロマン・ポランスキーと美しい女優の妻シャロン・テイトが住むことになりました。

後にテリー・メルチャーがチャールズ・マンソンとその音楽を徹底的に拒絶したことが動機となり、1969年8月9日、この邸宅がマンソンの指示した6件の野蛮な殺人の標的になったと言われています（注・メルチャーがすでにシエロ・ドライブから引っ越した後だと知らなかったのがこの邸宅への襲撃の理由とも言われている）。犠牲になったのはスティーブン・ペアレント（18歳）、シャロン・テイト（26歳女優）、シャロンのやがて生まれるはずだった子ども、フォルジャーズ・コーヒーの相続人アビゲイル・フォルジャー（25歳）、アビゲイルの男友達ボイテク・フリコウスキー（32歳）、有名なヘアスタイリストのジェイ・セブリング（35歳）でした。

24時間もたたないうちに、数マイル離れたロサンゼルスのロス・フェリーズ地区でもマンソンの命令によってさらに2件の殺人事件が起きました。スーパーマーケット経営で成功したチェーン店オーナーのレノ・ラビアンカ（44歳）と、その妻で服飾店オーナーのローズマリー（38歳）で、彼らは自宅で悪辣に殺害されました。死者は全員白人でした。

どちらの場所にも血で「豚」と書かれており、ラビアンカの家では冷蔵庫の扉に「ヘルタースケルター」と血で書かれていました。当初ロサンゼルス警察は殺人が動機のないものだと予想していましたが、現場に残された「豚」の文字と適切な綴りで書かれた「ヘルタースケルター」という言葉が、破滅をもたらすカルト教団の存在と痛ましい歪んだ謎を解く鍵となりました。

マンソンによるヨハネの黙示録の予言の解釈と役割は、簡単に言うと次のようなものでした。そして喪失感を抱いた傷つきやすい若者たちに、彼らのやり方で無限に違法薬物を供給しながら、頭が痛くなるほど繰り返し語ることで、確実に洗脳したのでした。

◇チャールズ・マンソンは転生したキリストだと明言こそしていないが、2000年前に生き、最後は十字架にかけられて死んだということをよく話していた。また幻覚系ドラッグで見えた「啓示」の話をして数え切れないほどファミリーを楽しませた。たとえば彼が横たわっていたベッドが十字架になったということや、足の爪を感じることができてマグダラのマリアが彼の足下で泣いているのを見ることができた、彼が死んで引き渡されたときそれを全人類の目を通して同時に見ることができた、といった話だった。後、多くの家族はチャールズ・マンソンがイエスであり、この世の終わりが近づいているという聖書の約束の前触れとして地上に戻って来た、と心から信じていたことを認めている。

◇聖書のヨハネの黙示録9章15には「するとその時、その日、その月、その年に備えておかれた4人の御使が人間の3分の1を殺すために解き放たれた」とある。マンソンが確信していた4人の天使はビートルズだった。この信念は、初期のころマンソンが黙示録9章3の「いなご」が明らかにビートルズを指すと言っていたことで強められた。「その顔は人間の顔のようであり、また、そのかみの毛は女のかみのようであり、…鉄の胸当のような胸当をつ

けており、」（ビートルズのギター）…その上、さそりのような尾と針とを持っている（ギターの電気コード）」。このヨハネの黙示録9章の最初の詩「第五の御使が、…底知れぬ所の穴を開くかぎが与えられた。」は、後に11章に関連していく。「彼ら〈いなご〉は、底知れぬ所の使を王にいただいており、」これは言うまでもなく、その底なしの穴の第5の天使、「第5のビートル」はチャールズ・マンソンだということを示している。

◇その結果、マンソンは、ビートルズが歌を通して彼に啓示を送っているということを、自分自身とファミリーに納得させた。ビートルズのホワイトアルバム（ビートルズの1968年のアルバム『ザ・ビートルズ』の通称）に収録されたジョージ・ハリソンの「ピッギーズ」は、物質主義と上流階級、貪欲さに対する論評だった。物質主義的な上流階級の犠牲者を選んで殺人を行い、犠牲者の血の中に豚という言葉を残しておくことは、マンソンにとっては明らかに布告であり、一種の記念もしくは解釈の象徴のつもりだった。ホワイトアルバムに収録されている曲「ヘルタースケルター」の歌詞のなかには、滑り台を上ったり滑り下りたりする描写がある。ビートルズにとってヘルタースケルターとは、イギリスの遊園地の滑り台（螺旋状の大型滑り台）を指しており、間違いなく無害な引用だった。しかしマンソンにとってそれは、世界最終戦争の後、ファミリーが底なしの穴から世界を取り戻すイメージを表していた。

◇ビートルズのホワイトアルバムの別の曲には、空に飛び立つことを心待ちにする黒い鳥がついに（壊れた）翼を得て飛ぶ瞬間がやって来るという表現がある。それについてのマンソンの解釈はこうである。世界最終戦争で黒人は白人に対して蜂起し、滅ぼそうとしていた（人類の3分の1を殺すことについての黙示録9章15の参照。マンソンによると、人類の3分の1は白人だという）。ビートルズは黒人たちに、戦争を始める時が来たと告げている。残念なことに、黒人たちはマンソンの好みに合うほど素早く行動しなかったので、彼はファミリーに対し、できるだけ残忍で暴力的に白人と「豚」の虐殺を始めるよう命じた。黒人が非難されるのは明らかで、白人は激怒し黒人と白人の戦争である世界最終戦争が始まる。恐怖と怒りに駆られた白人は、黒人のスラム街に報復に向かうが、最終的には黒人が勝利する。彼らはこの戦争が引き起こした大規模な破壊から再建を始めるが、白人のいないこの新しい惑星の統治には未熟であることに気づく。そこで当然、彼らは「底なしの穴」（マンソンによるとカリフォルニアの砂漠にある）に住んでいるマンソンとそのファミリーに頼ることになる。そのころにはファミリーの人数は14万4000人となり（黙示録第7章より）、世界を取り戻すことになるだろう。その世界では、啓発されていない者、すなわち底なしの穴の天使や生まれ変わったキリストや、チャールズ・マンソンの警告と教えに耳を傾けなかった者は消え去るとしている。

チャールズ・マンソンと、救済を求めて命令に従う不幸なファミリーたち、スーザン・アトキンス、チャールズ・テックス・ワトソン、リネット・フロム、レスリー・ヴァン・ホーテン、パトリシア・クレンウィンケルは、テート・ラビアンカ殺人事件で終身刑に服しています。

もしあなたがこの章の物語を単なる警告の物語として読んだとしても、私の目的は果たしています。しかしそれ以上に私が願うことは、この物語が恐怖を引き起こし、一人のカリスマが自分を突き動かす声によって、世界の終わりを自己勝手な予言へと変えてしまう、悲劇的な危険性をはっきり示したいと思っています。

もう一度言います。あなたや他のすべての生き物に危害を加えるとほのめかす啓示を誰かが伝えてきたとき、それは断じて神から来た伝言ではありません。そしてもし彼らが、真の聖書の解釈の鍵を唯一握っていると主張するなら、旧約聖書のモーセの「十戒」第5戒についての彼らの立場を明確にするよう真っ先に詰問してください。とてもはっきりと「汝殺すなかれ」と書かれています。

第7章
私の目を通した世界の終わり

人の子の現れるのも、ちょうどノアの時のようであろう。すなわち、洪水の出る前、ノアが箱舟にはいる日まで、人々は食い、飲み、めとり、とつぎなどしていた。そして洪水が襲ってきて、いっさいのものをさらって行くまで、彼らは気がつかなかった。人の子の現れるのも、そのようであろう。（マタイによる福音書24章37―39）

この世界がいつ終わるのか、私はこれまで何百、何千の質問を受けました。面白いことに、私がどうやって終わると思っているのかを誰も聞いてきません。まるで唯一つの問題は、いつ荷造りを始めるか、またはいつ請求書の支払いを止めるか、またはいつ雑誌の購読を取りやめたらいいのかが問題であるかのようです。だからこそ、私は世界の終わりが際限なく興味をそそる話題だと考えながらも、テレビや個人的な場でそれについて長々と話すことを避けているのだと思います。世界の終わりについて悩み続け、あわてふためいてただ意味もなく部屋の中を歩き回ったり、右往左往すべきではありません。死ぬことをひっきりなしに覚悟しながら暮らしていくことはできません。私たちはこれまでの章で、キリストの磔の後の最初の世紀から、多くのミレライト派の予測、マヤ暦の2012年の予測、アイザック・ニュートンの正確な計算による2060年の予言、ノストラダムスの紀元3797年の予言など、世界が「確実に」終わるだろう多くの異なる年について論じてきました。終末への恐怖が殺人と自殺という混乱につながった事件や、社会不適合者たちによって引き起こされた悲劇的な結果についても見てきました。いずれにしても私たちは、本当なら自分自身で創り上げるべき人生のさまざまな場面であまりにも多くの時間を浪費し、多くの無駄な不安を抱き続けてしまっていることをはっきりと声を大にして伝えられたらと思います。

終末への大筋

超能力者として、私は今世紀の終わりまではっきりと見ることができます。それ以上は何も見えません。それは2100年のどこかの時点です。光が消えます。それは地球のではなく人間の光のことです。人間は今後92年ほどの間に地球を住むことができない星にしてしまうでしょう（注・本書初版は２００８年）。そしてそれは真実であり、地球自体は世界が終わっても破壊されません。流星群になることもなく、地球の核が過熱して爆発するという不幸な結末でもなく、生命を維持できなくなるくらい太陽の軌道を離れすぎて漂流することもありません。古代文明から今日までこのかた、私たちは何度も何度も警告されてきました。私たちが我が家を酷使し放置していれば遅かれ早かれ住めなくなるのと同じように、私たちに与えられた聖なる「真の故郷」である地球を大切にしなければ、もはや避難所や食べ物、安らぎを得ることができなくなるでしょう。

次の92年

世界の終わりまでの秒読みが進むにつれ、世界では急上昇と急下降、輝かしい前進と避けられない後退、激動する混沌と前例のない満ち足りた平和という、興味深い世紀が進んでいくことは間違いありません。今世紀の最初の42年間と最後の50年間に何が待ち受けているかを分析する前に、私は現在と将来の大統領候補者に一言注意を促しておきます。２００８年から２０２０年の間に、現職の大統領が心臓麻痺で亡くなっているのを目にします。大統領に就任した副大統領は、北朝鮮が実際に大量破壊兵器を保有しているという正確な認識に立ち、宣戦布告の意思を明らかにして世界を驚かせるでしょう。この宣戦布告について、彼は議会や国際社会に支持を集めようと努力しますが大失敗に終わり、それが大きな懸念の源となって、彼は任期終了前に暗殺されるでしょう。

もっと前向きな話をすれば、２０１０年末までには、数え切れないほどの製薬会社が悔しがることに、一般的な風邪は過去のものとなるでしょう。詳しくはわかりませんが治療には熱を利用するでしょう(当たり前ですね)。ほとんどの診療所や診療所で小さな個室を設置するのが一般的になり、風邪の兆候が最初に現れたとき、患者はこの小部屋に5～6分間足を踏み入れます。そこでは正確に上昇した温度、抗生物質の水蒸気、そして自分の体温を取り合わせて、ほとんどの風邪、多くのアレルギー、および喘息に関連したさまざまな病気を引き起こす鼻炎の細菌を破壊します。霊能者としてだけでなく毎年風邪の被害者として言うのですが、この小部屋を発明、完成させ特許を取得してくれた医学・科学研究者や製薬会社にはぜひ莫大な富を与えてほしいです。

以上の２つの特別警報を除いて、私が今見ている今後の92年間の大まかな流れは次のとおりです。

２０１０～２０５０年

21世紀は、「向こうの世界」から高度な精霊が驚異的な数で訪れます。出産と育児の分野では今後の飛躍が期待されており、注目する価値があります。このタイミングは偶然ではありません。私たちは高度に発達した精霊たちに地球上で可能な限り最高のスタートを提供できるように準備しています。

２０１０年までには、超音波検査と羊水穿刺の大幅な改善によって、胎児の欠陥や病気の診断分野で目覚ましい進歩が見られるでしょう。胎児手術は非常に精密で、欠陥や病気だけでなく多くの先天性欠損や遺伝的な問題を修正することができます。また、未来の子どもたちが生まれる前に栄養バランスや健康な免疫システムを保証するための胎児注射も行われます。

２０１０年には、出産時に重力を利用するという祖先の習慣に触発された母体と新生児両方の利益を考えた分娩室の改良も見られます。これらの分娩室には滑車装置が組み込まれており、パッドの付いた頑丈なつり革にぶら下がった状態で出産することができます。赤ちゃんは重力にしたがって医師、看護師、または助産師の手の中で待っている柔らかい無菌の枕に落ちます。小さな円形の分娩室の壁はスクリーンでもあり、母親が選んだ穏やかなイメージが映し出されます。優しい音楽と静かな波の音がイメージに添えられます。照明を落としたり、アロマテラピーを微妙に使ったりします。この体験は、診療的な面よりも精神的な畏敬の念に満ちたものとなり、乳児にとっては「向こうの世界」から「地球」への移動がそれほど不快ではなくなり、母親にとってもはるかに思いやりのあるものとなるでしょう。

子どもが生まれた直後に行われる一連の血液検査では、タンパク質や化学物質の不均衡が明らかになります。この不均衡があるとさまざまな心理的障害の原因となることがわかっているため、ここではうつ病から統合失調症の可能性に至るまでのすべてが出生時に対処されます。

また細胞が2つの目的のために、乳児の頬の内側から無痛で採取されます。まず第1の目的は、ACLU（全米市民的自由連合）の反対を押し切って子どものDNAをデータベースに登録することです。これは最終的には地球上のすべての人の国際的なデータバンクとなり、失踪、行方不明、遺棄、搾取された子どもの即時追跡、同様に父権問題についての迅速な解決につながります。犯罪解決の利益は、プライバシーの懸念をはるかに上回るでしょう。DNAの「指紋」は、学校や病院の記録、社会保障カード、運転免許証、クレジットカードなどの身分証明書に目立たないように刻印されるでしょう。それによりバーコードをスキャンするのと同じくらい簡単に真贋判定ができるようになり、いずれは身分証明書の窃盗が時代遅れの犯罪になっていきます。

第2の目的は、2025年ごろまでに期待できるクローン技術の目覚ましい進歩によって、数個の細胞があれば、不全となった臓器に取って代わる新しい臓器のクローンを作ることが可能になります。臓器提供者を待ち焦がれることや、臓器を闇市場で売るという卑猥な慣行は遠い記憶となるでしょう。

最後に、出産についてですが、2010年ごろには、病院は胎盤を慎重に保存し始めるでしょう。胎盤にあるタンパク質複合体や栄養素はアルツハイマー病の進行を遅らせる可能性があるということです。

ところで、まだ明らかになっていないかもしれませんが、皮膚細胞を胚性幹細胞を模倣するようにプログラムする技術は2007年後半の画期的な発見であり奇跡です。（注：2007年に万能細胞のiPS細胞の作製が成功）。これまで治療が不可能だった病気、脳卒中や麻痺などの治療法がワクワクするほど増えるだけでなく、２０１２年までには脊髄から手足、火傷した皮膚やがんの皮膚まで、体の古い部分に適合する新しいものとの移植交換ができるようになるでしょう。

特定の年に絞り込むことはできませんが、世紀が進むにつれ不妊の女性や精子の数が少なすぎて子どもを産めない男性が増えていきます。無数の生物学的理論が追求されるでしょうが、そのいずれもが謎を解くことはできません。その代わり、非常に単純な説明は「向こうの世界」にあります。この世界の終わりが近づくにつれて、ごく少数の精霊だけしか地球に再生しようとしなくなります。ここに来たい精霊の数が少なければ少ないほど、胎児の数も少なくて済み、必要な胎児が少なければ妊娠数が減るでしょう。面白いことに、そして慰めになるのは、妊娠の成功数が減少するにつれ、夫婦は子どもを持つことに興味を失っていくことでしょう。意識的にはなぜそうなのか理解していないかもしれませんが、スピリチュアル的には気づいています。それは地球上での誕生を選ぶ精霊が希少になり、世界の終わりの日には人間が極端に減少するという、この風変わりな時代に自ら地球に来る計画をしてきたことを十分に認識しているからです。

良いニュースは、21世紀の最初の50年間に私たちの時代のもっとも危険な病気や苦痛のいくつかが終わることです。中毒性の高い薬物をがん細胞の核に特異的に注入することでがんは破壊され、最終的にはがん細胞が依存性を満たすために自らを消費して根絶されます。私はかつてこの治療法は少なくとも一握りの優秀な腫瘍専門医が実験的に遅くとも２００６年までには利用できるだろうと考えていました。

２０１０年には糖尿病が大幅に減少し、最終的にはタンパク質の利用方法が飛躍的に進歩することによって治癒するでしょう。

脳の基底部に埋め込まれたマイクロチップは、脳、筋肉系、神経系の間の健全な信号を回復させ、遅くとも2012年までには麻痺やパーキンソン病を終わらせ、2013年か2014年ごろには、筋ジストロフィー、多発性硬化症（MS）、ALS（ルー・ゲーリック病）が、ヒト成長ホルモンの専門的な高度利用によって打ち負かされるでしょう。

2014年には、胃バイパス手術や腹腔鏡手術に代わる安全で健康的な錠剤やカプセルが導入されるでしょう。食欲不振や過食症は下垂体を標的とした新たな治療薬の開発で解消されます。

2015年には、（切開を伴う）侵襲的な手術は事実上行われなくなります。その代わりに、レーザー手術はもちろんすでに大成功を収めていますが、コンピュータ化されたセンサーによって問題となっている部位を正確に特定、分析し、適切な医療処置を施すことができるようになります。その効果は飛躍的に高まるでしょう。

失明は、臓器移植に頼らなくても遅くとも2020年までに過去のものになるでしょう。小さなデジタル装置が発見され、脳の前頭葉に移植されると、脳と目の間の正常で健康なコミュニケーションを生み出すか、または再活性化します。

2020年までには、人間の鼓膜を完全に再現する合成素材が開発されているため、聴覚障害は事実上なくなるでしょう。

21世紀のもっとも重要な医学的躍進の一つは、2025年ごろの合成血液の完成です。それは汎用的な型であり栄養と免疫系サプリメントで強化され容易に製造できるので、輸血に十分な血液がいつも安全健康に供給されるでしょう。

健康にとって本当に悲惨で悪いニュースが登場するのはここから数ページ後の今世紀後半からになります。今世紀前半の唯一本当に警告すべき変化は、前述した進歩を遥かに上回るものでしょう。しかし述べておく必要があります。

◇数年前の「壊疽性筋膜炎」に似た細菌感染症が2010年に発生し、外来の鳥類に取り込まれたほぼミクロのダニによって人間に感染する。既知の薬物と抗生物質はこの真菌様の極めて伝染性の高い病気にはまったく効果がなく、その犠牲者は、電流と極度の熱とのいくつかの組み合わせによって細菌を破壊できることが発見されるまで隔離されることになる。

◇2020年ごろには、重度の肺炎のような病気が世界中に蔓延し、肺や気管支を攻撃し、既知の治療法に抵抗するようになる。病気そのものよりも、この病気が発生してすぐに突然消え、10年後に再び襲い、そして完全に消えてしまうという事実のほうが不思議である。

今世紀前半の精神衛生の進歩は驚くべきものであり、今日の社会を悩ませている病気の大部分はほぼ消えるでしょう。もし私たちがより生産的で成功と平和と十分な教育を受けられる世界を望み、犯罪とほど遠い社会を作りたいのであれば、ADHD、OCD、うつ病、双極性障害、統合失調症の謎を解き明かすべきであり、それによって私たちは前進していくでしょう。新生児には、将来の心理的問題につながる可能性のある化学的不均衡の検査をし、治療するという未来を前述しましたが、それは子どもたちだけでなく青少年、そして大人たちにも当てはまるでしょう。

２００９年末までに、どの不均衡がどの問題を引き起こしどの治療法が解決にもっとも効果的かが記載された非常に正確な処方ができます。血液検査を一切行わずにこれらの薬が適切かどうかを判断し、リタリンや抗うつ薬の安易な処方に終止符が打たれるでしょう。そして特定の心理的障害と特定のタンパク質欠乏との間の関連性が発見されます。欠乏するものを特定して正確に対処することにより疾患は永久に消失するでしょう。

２０１３年までには、精神疾患の治療が驚くほど進歩するでしょう。高度な訓練を受けた精神科医や神経科医だけが使用する機器が登場し、脳の機能障害を治療します。治療にはしばしば電磁パルスを利用します。この装置はＭＲＩのように水平方向と垂直方向の両方で頭蓋骨の表面をゆっくりと滑らかに滑走します。移動すると、脳、脳を取り巻く脳脊髄液、脳内および周辺の血液循環の異常や、また脳の各半球内および2つの半球の間の神経学的・化学的活動、脳の一部などの異常を検出します。スキャンの詳細は、診断結果とともに精神科または神経科の管理者によって監視されます。機器が障害を感知すると（例えば、血液循環が遅くなったり妨げられたり、あるいは神経伝達物質の「暴走」や休眠など）、微小であるかどうかにかかわらず、問題のある領域を刺激するためにピンポイントの精度でさまざまな強度の一連の電磁インパルスを放射します。

これらの治療は、適切な薬と組み合わせて月単位で行います。この治療はＤＮＡが法執行の世界に貢献したように、精神衛生の世界にとても貢献し、双極性障害やうつ病、ＡＤＨＤ（注意欠陥・多動性障害）、ＯＣＤ（強迫性障害）、心的外傷後ストレス症候群、慢性不安症に至るまで、本質的にすべてを「治す」ことになるでしょう。

統合失調症や重篤なてんかんの場合は、２０１４年に脳に埋め込まれたマイクロチップによって治療に成功するでしょう。この小さなマイクロチップは、ペースメーカーが心臓に対して行っているのと同じ機能が脳に対しても同じようにあり、見事な成功を収めます。


犯罪率は今後50年で大幅に下がることが期待されます。理由の一つは今世紀が進むにつれて「真の故郷」から進歩した精霊がやってくるからです。もう一つの理由は警察や法医学の進歩であり、忠実なＣＳＩ（警察の科学捜査班）ファンを絶対に興奮させるでしょう。

おそらくもっとも驚くべき出来事となるのは、遅くとも２０２５年までに警察、法執行機関が新しく拡張され、罪を犯してもほとんど意味がないと思わせるようなデータベースを自由に使えるようになることです。ＳＣＡＮ（私はその頭文字が何を表しているのか分かりませんが）は、新生児から収集したＤＮＡと一般のボランティアから収集したＤＮＡの大規模な国際データベースになるでしょう。それは犯罪者や犯罪現場から収集されたＤＮＡに焦点を当てた現行のＣＯＤＩＳ（ＦＢＩの統合ＤＮＡインデックスシステム）と永続的に相互作用します。ＳＣＡＮデータベースは、各人のＤＮＡと医療記録や緊急連絡先などの重要な個人情報と結びついています。

身元不明の殺人や致命的な事件に遭った被害者のためだけのシステムならば、ＳＣＡＮにプライバシーを侵害させる価値はないでしょう。しかし迷子や行方不明、捨て子、誘拐された子どもたちを瞬時に特定することができる能力は、神からの贈り物になります。ＳＣＡＮのＤＮＡデータベースは現在の自動指紋識別システム（ＡＦＩＳ）を拡張した機能として２０１５年までに実際に完全稼働するでしょう。現在保存され、警察がアクセスできる何千万もの指紋に加えて、完全な手の指紋、手のひらの指紋、足の指紋（指紋と同じように固有の紋であることが判明しています）、そして手の側面の指紋が追加されることになるでしょう。手のひらの指紋が固有の紋として足るだけの特定能力を持ち、貴重な鑑識ツールとして十分に認知されるようになるでしょう。これがＡＦＩＳデータベースに登録されることで、２００９年末までには国際的に有名な誘拐事件を解決することができるようになります。

２００８年末に開発され、遅くとも２０１４年までに世界中の警察、法執行機関によって全面利用されることになるのは、人間の目の虹彩に何らかの形で埋め込まれる完全に固有の「指紋」のデータベースです。小さな虹彩スキャン装置が二重の効果を持つセキュリティ対策の標準装備として、すべてのＡＴＭ機、レジ、公共施設、空港に設置される日が来るでしょう。たとえば誰かがあなたのＡＴＭカードと暗証番号を盗んだ場合、虹彩スキャナーで詐欺師がいることが1秒以内で検知され、ＡＴＭ機から現金が引き出せなくなります。そしてその瞬間に無言の警報とデータベースの両方から警告が発信され、警察は窃盗未遂の瞬間に犯人の身元を知ることができるのです。

私たちの未来のデータベースのなかでもっとも複雑でもっとも画期的なものは、２０２５年までに完成し国際的に完全に利用される音声データベースでしょう。このデータベースは非常に高感度で、音程、音色、リズム、方言など、その他数え切れないほどの変数の細部まで検出することができ、いつの日か地球上の各声を指紋のように特徴的にすることができるようになります。犯罪者が逃走したり、子どもが誘拐されたり、行方不明者事件が起きたりすると、ただちに世界中の空港、駅、バスの発着所、レンタカー会社、高級ホテルやビジネスホテル、銀行やATM、レストランや食堂、コンビニエンスストアなどに情報が送信されます。データベース受信機は今日の監視カメラと同じように公共の建物や企業で一般的になり、指紋、手のひらや手の側面の「指紋」、虹彩の「指紋」、または音声の「指紋」が受信機で認識されると、警察は即座に警告を発します。世界中の警察、法執行機関が連携して努力することにより、見事成功を収めるでしょう。

遅くとも2014年までには、衛星が犯罪を検知し、支援が必要な特定の場所について警察に警報を送ることができるようになります。現場に目撃者がいなかったり目撃者の証言が矛盾していたりする場合には、他の目的のために軌道上にある人工衛星から犯罪現場の詳細なデジタル映像が瞬時に送信され、目立たない究極の監視カメラとなります。

次の章では、この惑星が世界の終わりまでに経験する驚くべき精神的統合について述べていきます。今後20年以内にこの精神的統合が始まり、一人一人が神を内に宿す意識が世界規模で兆してきます。同時に組織化された宗教の世界での驚くべき変化もいくつか伴うでしょう。

ベネディクト法王は選出される最後の法王になります。彼の治世は枢機卿団体(ローマ法王を選出し助言を与える団体)を選ぶカトリックの新しい慣習によって継承され、実際にはローマ教皇の責任を3人の教皇たちが共有し合う連合政治となるでしょう。

2015年から2018年にはプロテスタント連合が組織され、飢餓や貧困、ホームレス、普遍的な医療の必要性という世界的な問題についに取り組むでしょう。

２０２５年ごろまでには、この数の力による取り組みが成功し、参加を希望するすべての宗教の自発的な連合が生まれるでしょう。この強力な連合は、創造主とつながるなかでより深く、より実のあるものとして思いが高まって一つになります。そして望む結果をもたらさない従来の官僚政治や無数の委員会を進んで放棄し、その代わりに神の信心を必要とする人々を現場で支え、活動的に衣食住の世話をし、精神的な養育を実践して支えます。

この２０２５年の国際的な宗教間連合によって、世界中にヒーリングセンターが建設されます。このセンターは4つのピラミッド型の建物で構成されており、すべてボランティアスタッフが配置され、寄贈された物資が惜しみなく用意されています。24時間体制での食事、衣類、避難所、基本的な個人用衛生設備や洗濯設備、医療、危機カウンセリング、法的支援など、今の暮らしでは備えることができないあらゆるものが提供されます。

今世紀後半の大規模な精神的覚醒で特に重要なのは、ヒーリングセンターの養成学校であり、そこでは世界の宗教に関する幅広い過程があり、卒業前に各過程を修了しなくてはいけません。

２０４０年までには、ヒーリングセンターとそこから影響を受けて広がった取り組みによって、世界的な信仰の大統合を目の当たりにすることになるでしょう。これらの信仰には相違点を超える豊かな共通点があることを私たちは経験上知っているかと思います。その自覚をもとに人道的な努力を結集していくことで、地球上にめざましい影響がもたらされることでしょう。そして、今世紀後半にわかりますが、この信仰の大統合は世界的な精神的変革の始まりにすぎません。

２０２０年は、米国の大統領の任期と行政府が終わる年となります。それまでアメリカ国民はうんざりしているだろうとだけ言っておきましょう。

立法府は本質的に行政府の責任を負い、各州から選出された同数の代表者で構成する合理化された組織によって新しい立法機関を形成するでしょう。これは単に「上院」として知られるようになります。民主・共和・無所属などの政党は、単純に自由党と保守党とに分かれ、提案された各法案と法律について全国テレビ中継会議で討論し投票されます。

上院議員候補の要件は厳しく、継続的に監視されます。たとえば上院議員は過去から現在までに連邦政府や州政府や地方政府と契約関係がある場合や、会社から給与を受けている場合は役職に就くことが禁止されます。また議員は任期中、無作為の薬物およびアルコール検査を受けなければなりません。これら政府の再編や議員団の整備を通して、立法の説明責任と国民の信頼は長期的に回復します。州政府も遅くとも２０２４年までに上院の小さな写し鏡となってそれに従うでしょう。

上院の最初の６年間の任期中に制定される法律には以下のものがあります。

◇均一課税。
◇芸術、教育、法執行、公共サービスなどの分野で経歴を積んだ人に定額給付金支給。
◇すべての主要な宗教が祝うすべての祝日、ユダヤ人大虐殺の生存者、犠牲者、およびその子孫を追悼する日を全国的に祝う。
◇明らかな証拠によって有罪と証明されたすべての男女の小児性愛者を「去勢」することが懲

役刑の一部として義務づけられる。

◇公衆衛生システム。

◇薬物やアルコールの影響を受けた運転者はたとえ最初の違反でもリハビリと解毒が義務付けられ、その治療費用の負担のため、ただちに車両を押収し競売にかける。

他のいくつかのアメリカ国内の関心事については、2020年までにIRA（個人退職口座。個人年金制度の一つ）、投資信託、年金、退職金制度、そして株式市場の終わりを見ることになるでしょう。今の時点では信じがたいかもしれませんが、2020年代半ばまでには、米国の世界的なイメージが大きく回復するでしょう。人道主義者の大多数が私たちの過ちの真相を見据え、解決の道に達するのは大変興味深いことです。私たちは侵略するよりも激励する国家に進化し、さらに称賛されるでしょう。

1972年ごろ、サンフランシスコのテレビ番組「人々は語る」で私は「地軸傾斜が始まっている」と発表したことがありました。地軸傾斜がどのようなものかをまったく知らないまま発言したため、私自身も番組の司会者同様驚きました。テレビ放送後、私の事務所にはものすごい数の電話が殺到しました。地軸傾斜とは地球がその軸上で太陽に向かって、または太陽から遠ざかって傾く角度の変化であり、海流や気象全般にあらゆる変化を引き起こすことがわかっています。好奇心から私とスタッフは少し調査をし、ジェームズ・クロールという19世紀のスコットランドの科学者による、

1875年に起きた地球の自転軸の傾きによる気候変動についての文献を発見しました。エドガー・ケイシーも同様に地軸傾斜について意見を述べていることがわかりました。地軸傾斜は2020年までにピークに達すると言われています。

◇2018年ごろ、世界各地で地震が発生し、火山や地震が多発する。その結果、大気中の粉塵は、2020年代初頭に悲惨な穀物の不作を引き起こす。

◇豪雨に近い雨が2025年ごろに南北アメリカの東海岸を襲う。

◇2025年から2030年の間に、大規模な津波が極東とフロリダを襲う。フロリダの津波は前例のないハリケーンの群発を引き起こす。

◇2026年ごろには、日本に強力な津波が次々と押し寄せる。その結果、ハワイ諸島に新たな陸地が出現する。

◇2029年は、流星群が大量に降り注ぎ、宇宙探査中に放棄したゴミや残骸の一部が容赦なく地球に戻ってくる年になる。人間や動物の生活にはかろうじて被害は少ないが、地形や植物の生育にかなり多くの被害を受けるだろう。

◇2050年までに大西洋とインド洋で火山や地下の大変動が起き、アトランティスもレムリアも海中の墓から見事に立ち上がる。

後半では、今世紀後半に世界に大きな変化をもたらす大気、地形、気候の状況について述べます。基本的には、終末がどれだけ早く到来するかは私たちにかかっています。

遅くとも2015年までに、すべての新築住宅は太陽光発電と組み立て式となり、強化スチールの上に石材や難燃性の合成木材を使用します。屋根にはセラミックタイルを使用し、飛散防止と耐火性を兼ね備えたソーラーパネルを設置します。各家庭には、鉄芯の外装扉や壊れない窓など、高度なセキュリティシステムが標準装備され、緊急時は家の中央コンピュータによってのみ開くことができます。緊急時には警報機が作動するとともに、家のオーナーの目の「指紋」がスキャンされ、警察と消防署へ同時に通報されます。「目の指紋」は角膜と虹彩の形状であり、虹彩の「指紋」データベースについて述べたように、手の指紋と同じくらい特徴的です。家のすべての出入り部分には覗き穴があり、居住者と認定された客が覗き込むことで、中央コンピュータが目の指紋をスキャンし入場を許可します。

中央コンピュータではプログラムすることによって、音楽を再生したり、テレビやその他の家庭用コンピュータの電源を入れたり切ったり、家電や照明を制御したり、電話システムを完全に管理したりできます。音声通話や、通話のブロック、選択的な電話の受信、どの部屋でも非常にクリアなハンズフリーの会話ができます。

すべての家と公共の建物は建築基準として強力で隠蔽型の空気清浄機を備えることが義務付けられ、空気中に浮遊するウイルス、アレルギーやぜんそく発作の原因となるものを実質的にすべて排除します。

2015年までには、ほとんどの高級住宅に高機能で非常に便利なロボットが普及するでしょう。2019年までには一般の人々も利用できるようになり、料理から掃除、ペットの世話、寝る前に読み聞かせをすること、宿題を手伝うこと、コンピュータ技術を教えることなど500以上の複雑な音声指示に応答できる予定です。

最後になりましたが、2040年までには確実に、ほとんどの家にはホバークラフトを行き来させる格納式の屋根が装備されるでしょう。これは現在私たちの車庫から車が日常的に行き来するくらい日常的になります。

テロリストや危険な空気から身を守ることは、技術の進歩とともにますます緊急の課題となり、その結果、2020年後半までには、私たちのうちの何人かはドーム都市に住むようになるでしょう。ドーム都市の構想は、専門家による国際協力によって開発されます。

これらの都市の最初のものはアメリカに登場します。ドイツ、イギリス、日本がただちにこれに続き、インド、中東、極東地域が最後に参加します。最終的には、3枚重ねの合成ガラスとプラスチックの複合材でできたドーム型の都市がすべての大陸に誕生するでしょう。紫外線を防ぐために着色されていますが、その下に住む人々にはほとんど気づかないほど十分に透明性が高いものです。開閉機能があり、飛行機での移動を許可または拒否できます。空気は浄化され、温度は調節されて、健康面に最大に配慮したすべての条件が科学的に制御されています。

しかし皮肉なことに、ドーム型都市の欠点はその好ましさにあるでしょう。理想が高くなり、人が多くなればなるほどストレスも大きくなります。富裕層が支配し、貧困層が排除されて、数十年後にはドーム都市の人口が「淘汰」されていきます。この不平等は、世界中のいくつかのドーム型農村地域の出現によってある程度解決されるでしょう。共同社会が形成され、有機農業の中心地として成功します。

21世紀の後半になると、ドーム型の生活の大きな魅力だった珍しさや目新しさは失われていき、一般の人々は再び元の「現実世界」へと思い切って戻っていくでしょう。残されたドーム型都市は人口が減少、価格も安くなり需要がなくなっていきます。

来たるべき世紀に可能な限りの生活の質を維持し世界の終わりを先延ばしにしたり避けるためには、常にそうであるように、優秀な教育を受けた一、二世代の人たちの力が必要です。彼らは私たちが失敗したり目標に達することができなかった多くの分野で成功できるでしょう。

２０２０年ごろまでに、アメリカの教育制度は大規模な構造的変化を経験します。教師には十分な報酬が与えられ、徹底的な経歴調査が行われます。子どもの教育には学業面と情緒面が等しく重要視されるようになり、教師は教員資格に加えて児童心理学の学位を持つことが求められます。教師の給料が高ければより多くの教師が集まるでしょうし、２０２０年にはどの教室でも１人の教師につき生徒は15人を超えません。

小学生は、通常の読書、作文、綴り、数学、社会科のほか、栄養、基本的な倫理、芸術や音楽、外国語、生態学の活発で実践的なコースを学びます。読み書きを知らずに6年生を卒業する子どもはいないでしょうし、遅刻や欠席、宿題忘れの常習などは、子どもではなく親の不行き届きとされ、罰金と必要な子育て講座の組み合わせを課されます。

中学校や高校では生徒がノートパソコンを使って各州の教育センターで指定された教師とつながっています。教師と生徒はボタンを押すだけで瞬時にアクセスできるため不登校の発見を容易にし、生徒一人一人の学習を今よりもはるかに個別に監督することができるようになります。

各科目の試験は、教職課程の「現役」大学院生によって3か月ごとに各地域で行われます。大学や大学院、専門学校はどうかと言うと、すべての学生は世界中のすべての大学の出願手続きをインターネットで瞬時にできるようになり、同じようにすべての大学で世界中の学生を瞬時にインターネットで募集できるようになります。大学生が海外の学校に通うことが当たり前になり、今世紀が進むにつれ、高等教育は先に述べた宗教の大統合とともに、真の国際社会を形成するための主要な力につながっていくでしょう。

2050年から終末へ

今から何百万年も先、この惑星で我々の存在が一掃されてから、再び地球上に人間の生命が存在することになるでしょう。私たち一人一人が地球を救うために毎日できる限りのことをしない限り……結果は皆さんが考える通りです。

この地球という「真の故郷」から離れた家は神の創造物であり、私たちのものではありません。

私たちの存在する前からここにあり、ここに住む権利があるなどという傲慢な考えを改めなければ先はありません。例えて言えば私たちは皆、両親がいない間、監視の目もなく家の中にいる10代の若者の集まりです。十分な時間と自由が与えられたら家は住む価値がなくなり、それは地球も同じです。

今世紀後半に私たちが成功するか失敗するか、ついに地球上での世界の終わりを迎えるかどうかは、できる限り大きな全体像に焦点を当てて見通す必要があります。私たちの視点からは、太陽、月、星、そして遠くの銀河が周囲を回っており、地球はまぎれもなく宇宙の中心であるかのように見えます。しかし実際には私たちは太陽の周りを回る8つの惑星のうちの一つにすぎず、その多くは私たちの地球よりもはるかに大きい星々です。宇宙には他にも無数の太陽（恒星）があり、熱、光、生命を自らの太陽系に提供しており、聡明な天文学者たちが想像し始めたよりもはるかに多くの銀河に多数の「太陽系」が存在します。このことと同様に、私たちは、窓の外を見てすべてがうまくいっているように見えるならすべてがうまくいくはずだと考えるのは間違いです。私たちが引き起こしてきた問題に目を背け自ら解決すべき問題を無視するならば、地球上の生命は次の世紀に続いていくことができないでしょう。

私たち人間には地球における優位性や支配力が備わっており、どんなに地球を悪用しても自分たちは不滅であると勝手に考えています。私は、１９００年7月にハーバート・Ｃ・ファイフがパーソンマガジン誌に寄稿した「世界はどう終わるのか」という興味深い記事で取り上げた問題について少し考えてみる価値があると思います。この記事でファイフ氏は次のように指摘しています。

はるか昔、世界の過去を振り返ってみると、巨大な怪物が陸と海の両方で普通に見られた時代があった。これらはしばらくの間、世界を支配したが、やがて倒れ、姿を消した。私たちの時代のなかでさえ、多くの種が絶滅した。人間は常に優位に立つことを望めるのだろうか？　故J・F・ネスビット氏は次のように述べた。「一つの種が絶滅しても、自然はそれを再び取り戻さない。自然の資源は無限なので、種の種類も数も重要ではない。遅れて到着した人間は、それ以前からいる生物よりもずっと短い期間しか生き残れないことを運命づけられているかもしれない」人間の虚栄心をくすぐるわけではなく、真実である！

実際、病気の起源や、特定の季節に特定の流行が起きる理由についてはほとんど知られていない。ペスト、インフルエンザ、コレラ、腸チフスの細菌類、またはその他の細菌によって増殖する病気は、気候や大気の状態が好都合であるとすぐに増殖し、そしてひとたび拡散したら、一か月で全人類を滅ぼすことができる。

この記事が1世紀以上も前に書かれたからと安心する人もいるかもしれませんが、ファイフ氏が提起している点がどれだけ変わったのかを自問してみるとよいでしょう。私たち人間は今でも、自分たちが間違いなく地球上でもっとも優れた種だと信じています。しかし「もっとも優れた」というのは「もっとも破壊的」に置き換えられるでしょう。私たちが他の種をせっせと絶滅に追い込み、生存の頼りとする地球に注意を払わずに破壊することで、自らを絶滅に追いやっていることに気づかないのは本当にばかげていることではないでしょうか。

人間は他の地球上の種族と同様に、致命的な病気には太刀打ちできないのに、なぜ私たちは脆弱なところなどなにもないと思い込んでいるのでしょう。もしその誤った思い込みを正すことで私たちが目を覚まし、この地球の幸福に真剣に注意を払い始めることができるなら、地球ひいては私たちにとってよい結果をもたらすのだと思います。

地球温暖化

次の内容は、私が霊能者として、世界市民として、アラスカの6000万年前の氷河が海岸から溶けていくのをこの目で見ている広範な旅行者として、さらに自分の孫の孫が繁栄可能な地球に生まれてくることを最大の願いとする祖母としてお話ししたいと思います。

前世紀中から気温が徐々に上昇し警戒すべき状態となっている地球温暖化は、致命的な脅威となる可能性があります。それはあなたがアル・ゴアや反体制的な環境保護活動の若者、右翼の保守派をどう思っていようと事実です。そして、もし私たちがそれを真剣に受け止めず、今すぐにでも何とかしなければ、92年後には無人の世界となる大きな要因になってしまうでしょう。

私が霊能力的な確信を持って言えるのは、この惑星に世界の終わりが来ると、景観上は今と同じ大陸が残されますが、それぞれは洪水によってひどく縮小しているでしょう。現在地球の3分の2

は水に覆われています。今世紀末までには世界の4分の3が水で覆われるようになり、氷帽、氷河、そしてもっとも高い山の雪が溶け続けます。溶けた氷のほとんどは海に流れ込み、沿岸都市が水没し、人口を大陸の中央部に向かわせます。海に溶けないものは地表から染み込み、赤熱した核に達すると蒸気と圧力を発生させ、世界中に壊滅的な火山の噴火を引き起こします。ラッセン山、セントヘレンズ山、エトナ山が最初に噴火し、少なくとも２０８５年までには休止していた富士山でさえも息を吹き返し、日本の大部分が壊滅状態になります。

今世紀最後の30年間で、大気の暴力的な動きを引き起こす要因となるのは、現在の気候が平凡と思えるくらい激しい異常気象です。熱帯低気圧や季節風の頻度と強度は2倍以上になるでしょう。全世界の平均的な寒暖の記録温度は、現在より最低でも10度は高くなるでしょう。

竜巻は、北米大陸と南米大陸の中央部や、かつては地形的に影響を受けないと考えられていたヨーロッパやアフリカの地域で、季節性ではなく通年の脅威となります。

洪水が起きていない地域では干ばつが起こり、安全な場所はおろか健康で収益性の高い場所を見つけることが事実上不可能になります。

すべては地球温暖化が原因です。これは文字通り人類の生死を分けるものであり、誰一人としてこの問題を無視し矮小化することはできません。地球温暖化の主な原因は悪名高い「温室効果」です。重要なことなので信じてください。科学の知識や専門知識があるふりをしているわけではありませんが、私の理解では、温室効果は大気中のガス、特に二酸化炭素、メタン、オゾンによって引き起こされます（地上レベルでは、オゾンは酸素の汚染形態）。それらは地表から反射した太陽のエネルギーを保持し、地球を温かくしてくれます。もし基本的な温室効果がなければ、この惑星はおそらく固い氷にすぎないでしょう。私たちが生み出している危険性は実際には温室効果の増大であり、過剰な二酸化炭素、メタン、オゾンが空気を満たし、太陽からの過剰なエネルギーが蓄積されていく結果、どんどん暑さが増していくのです。ですから、地球温暖化の解決策の鍵となるのは、石炭や石油などの化石燃料の燃焼で大気中に放出される二酸化炭素、メタン、オゾンの量を減らすことです。植物は二酸化炭素を取り込んで酸素を放出するので、私たちが指一本触れることなく空気中の二酸化炭素を減らすことができますが、私たちは酸素がなければ生きていくことができません。地上レベルの汚染物質としてのオゾンは、太陽の紫外線から地球上の生命を守るために大気上層部で薄いシールドを形成する必須オゾン層と混同してはなりません。

１９８０年代にさかのぼりますが、科学者たちは、オゾン層の破壊によって私たちが潜在的な放射線にさらされ、皮膚ガン、目の損傷、そして免疫系に悪影響を及ぼす可能性について、科学的根拠を集め始めました。ＮＡＳＡでは、オゾン層の穴（一般的にはオゾンホールと呼ばれていますが実際は極端に薄くなったり減ったりしている場所）について位置を特定し、すでに観測を始めています。この主な原因はＣＦＣ（フロンの一種。クロロフルオロカーボンと呼ばれる人工ガス）であり、数十年にわたってスプレー缶や冷蔵庫によく使われてきました。２０００年には世界１２０か国がＣＦＣの使用を段階的に廃止することに合意しましたが、残念なことに、オゾン層修復はさらなる被害がなければ可能ですが、長い年月がかかります。クロロフルオロカーボンの成分の一つである塩素は、大気中で驚くほどの耐久性を持ち、たった1原子の塩素で10万分子のオゾンを破壊することができるのです。これらをすべて合わせると温室効果ガスは極端な濃度レベルとなり、希薄な必須オゾン層では太陽の放射線や温室効果ガスの有害な影響を緩和できません。温暖化が進むにつれ、この地球には大洪水と異常気象が起こる瞬間が迫っています。

酸素を供給し、空気中の過剰な二酸化炭素を浄化してくれている偉大で物静かな味方である世界中の森林を、私たちは保全して増やしていくどころかむしろトイレットペーパーや住宅開発のために伐採しています。このように、私たち自身が地球を人の住めない環境に追いやる原因を引き起こしているのです。残念なことに、私たちはここでがんになり、動物の種を次々に絶滅に追いやり、人間が地球上の他の種と同じように絶滅の危機に瀕していることを忘れているのです。

「地球に優しく」という公共サービスの案内や車のステッカーを見たことがありますが、そのスローガンが何を意味し、なぜ変化をもたらすかについてはあまり説明がありません。私はこうしたスローガンには、看板を手にしてワシントンに向かわなければ自分が阻害された気分になるため躊躇してしまいます（重要な原因のためにデモを行う一人一人には神の祝福を祈っています）。私たちは全員、地球環境保護のために何をすべきかを知っています。私もこれまで詳しいところまでは知りませんでしたが知識を得るように励み、自分が本当にできることをしようと皆さんとの情報共有に努めてきました。

しかし私は提案を唱えるだけではありません。それではただ単に地球保護に善意があるというだけになってしまいます。私は地球環境保護を唱えると同時に自分自身で実践しています。私たち次第で今世紀末に地球上の生命の終焉に身を任すか、または「真の故郷」から離れたこの美しい地球を何世紀も楽しみ味わうことになるかが決まります。実践内容は次のように本当に単純なことです。

◇再生紙のみを使用する。紙1束（500枚）につき約5ポンドの二酸化炭素を削減できる。

◇夏はいつもより2度だけ温度を上げ、冬は2度だけ温度を下げる。この小さな調整で年間約2000ポンドの二酸化炭素を削減できる。

◇食器洗い機を完全に満タンにするまでは使わない。二酸化炭素を年間約100ポンド削減できる。

◇家でよく使うランプを3つ選び、電球を電球型蛍光灯に替える。二酸化炭素を年間300ポンド削減できる。

◇給湯器を最大49度に調節し保温する。年間1550ポンドの二酸化炭素を削減できる。

◇シャワー時間を2〜3分短くする。沸かすのに必要な水の量が減るため、年間350ポンドの二酸化炭素を削減できる。

◇毎月タイヤの空気圧をチェックし、正しい空気圧になっているかどうかを確認する。年間250ポンドの二酸化炭素を削減できる。

◇エアコンや暖房のフィルターを交換し、こまめに掃除する。機械が快適温度を維持するため必要以上に稼働するのを防ぎ、年間350ポンドの二酸化炭素を削減する。

◇コンピュータを「スリープ状態」ではなく切にし、使わないときは電子機器のプラグを抜く。年間1200ポンド以上の二酸化炭素を削減できる。

◇外側の扉や窓のコーキングや目詰め剤といった単純な作業には気をつける。1年を通して快適に過ごせるだけでなく、年間1700ポンドの二酸化炭素を削減できる。
◇木を育て、ツリーピープル（注：カリフォルニアを拠点とする非営利の環境保護団体）のように亡くなった最愛の人に敬意を表して木を植える。大気中の酸素を増やし、2000ポンドの二酸化炭素を削減できる。

これらの簡単な調節だけで、1人当たり年間9500ポンドの二酸化炭素を削減することになります。もう少しやる気があれば毎年2000ドルの節約にもなります。今日、あるいは近い将来に向けたいくつかの提案は前述の項目ほど簡単で手頃な価格ではありませんが、次のようになります。

◇古い電化製品を買い換えるときには二酸化炭素の排出と予算の両方を節約するために「エネルギースター」というラベルのついた新しい電化製品を買うこと。
◇家の壁や天井の断熱をよくすれば、年間数100ドルは言うまでもなく、最低2000ポンドの二酸化炭素も削減できる。
◇1枚の窓を二重窓に変えることでエネルギーと電気代を節約し、1万ポンドもの二酸化炭素を削減できる。
◇今使っているシャワーヘッドを低流のシャワーヘッドに変えれば、年間約200ドル（約350ポンド）の二酸化炭素を削減できる。

◇新車を買うときにはハイブリッド車を使えば二酸化炭素を約1万7000ポンド、年間3800ドル節約できることを忘れない。より燃費のいい車でも、何千ポンドもの二酸化炭素と数千ドルを同時に節約できる。

ちなみに地球温暖化の原因の第3位は製紙業界からなので、再生紙でできたトイレットペーパー、ティッシュ、紙タオル、コーヒーフィルターを探してください。また雑誌や新聞、紙製の食料品用袋はリサイクルしてください。そしてドライクリーニング店が迷惑で余分な紙やプラスチックを使用しなくてもいいように、私たちは洋服カバーを辞退し、同様に煩わしいワイヤーハンガーも必ずお店に返却してください。

「迷惑」ということで言えば、発泡スチロールのコップが毎年250億個ほども捨てられているのもゴミの量を考える上で深刻です。市販のレジ袋は発泡スチロールよりは少しリサイクル性が高いものの、それほど差はありません。紙やガラスのコップやマグカップは発泡スチロールよりも飲み物の味を良くしてくれると思いませんか。買い物に行ったときに出るゴミは皆、洗濯可能なキャンバス地の買い物袋を使うことでとても便利に減らせます。

この問題は生死に関わる問題ではありません。「真の故郷」に帰った後、私たちが再びこの地球に住めるかどうかです。私たちが引き起こした問題は自分で解決しなくてはなりません。今からでも遅くはありません。

世界の終わりまでの健康問題

私たちは当然ながら汚れた大気の中では健康に生きられません。つまり、地球上での人生を終える最終的な原因が病気であるとするならば、その将来起こる致命的な病気は、私たちが作り出した悲惨な環境とつながりがあることを理解してください。

世界の終わりが来るとき、病気に関連した死が驚くほど簡単で平和なものになることは強調してもしきれないことです。霊性（スピリチュアリティ）についての理解がそのころには進んでおり、人々は完全な喜びが「向こうの世界」で待っていることを正確に知っています。そして人々は実際「自分の体から出て」、恐れを知らず希望に満ち溢れてトンネルへと入ります。私は、一年半前に帰るべき場所へ逝った3人の牧師のことを思い起こさずにはいられません。それぞれが数か月ごとにベッドに横たわり、両手を胸に当てて静かに横たわっているのが発見されました。その死は優美で自信に満ち、神に則ったものでした。前代未聞の暴力行為のようなごくまれな例外を除き、この3人の牧師のように死は終末期には誰にとっても穏やかなものになるでしょう。

逆説的ではありますが、今世紀の前半には今日もっとも破壊的な病気の大部分が根絶されるでしょう。がん、白血病、糖尿病、筋ジストロフィー、多発性硬化症、ＡＬＳ、アルツハイマー病、心臓病などは2050年までにすべて消滅し、ほとんど時代遅れのように見えるでしょう。

しかし、2075年か2080年ごろには、現代の私たちにはほとんど古風に見える病気、特にポリオや天然痘が突然世界的に流行することになり、医学界はまったく不意を突かれることになります。特にこの2つの悲惨な病気に対する予防接種を私たちは手前勝手な解釈からやめてしまい、汚染された大気が健康をおびやかすことも合わさって、この2つの病気を完全復活させてしまうでしょう。

環境が私たちの免疫系に負担をかけることは疑いの余地がありません。これは報いであり、地球が私たちのこれまでの虐待と放置のお返しをしているのです。もし、この地球に再び同じ恵みを与えてほしいと期待するのならば、私たちは地球を大切にして育んでいくしかありません。線維筋痛症、慢性疲労症候群、不妊症、無数の事実上追跡不可能なアレルギーは非常に増えてくるでしょう。不健康な動物が媒介する病気に対して、私たちがこれまで以上に傷つきやすくなることは、おそらく報いの一つでもあります。それらの病気は、今まで聞いたことのない鳥インフルエンザやライム病の変種をはじめ、南アメリカの昆虫を介してやってくる西ナイルウイルスの致死的な亜種までさまざまです。これらの病気や疫病は、科学者や研究者が追いついていけないどころか、克服さえできないほど深刻かつ急激に影響を及ぼすでしょう。

また悲しいことに、有毒な大気に加えて悲惨な洪水が起こり、天候に左右されずに住める場所がどこにもなくなったとき、それが地球上での私たちの生命の終わりをもたらします。

世界の終わりは核の大虐殺ではありません。何と言っても、あの伝説的な赤いボタンを実際に押すほど異常な世界の指導者はいないでしょう。それは巨大な小惑星や流星群との衝突でも、宇宙の運命的な、行き当たりばったりの気まぐれでもありません。私たち自身が作り上げ、自分で実現した世界の終わりなのです。

かくて世の終わり来たりぬ
かくて世の終わり来たりぬ
かくて世の終わり来たりぬ
音も立てずに、ひそやかに
T・S・エリオット

第8章 人類の終焉

世界の終わりについて完全にわかっていなければ、議論をしても意味がありません。何が起こるかわからなければ、「世界の終わり」は単なる興味本位で希望がない言葉です。私たちはこの地球上で死ぬまでこれまでと同じ生活を続けるしかできないのに、この脅し文句は、忙しく生産的で楽しい生活をしていたことすら思い出せなくなるような脅迫的な恐怖でしかありません。

今世紀に入ってから、人類はますます霊的（スピリチュアリティ）な方向に進むでしょう。私は毎日のように読書や講演、テレビ出演でそうした動きを目にしています。5年前には理想の男性、理想の女性、財政、職業、健康問題に焦点を当てた質問をしていた相談者でさえ、今ではほとんどもっぱら自分の霊的な目標について知りたがっています。目標を達成する軌道に乗っているか、そして自分のために設定した人生の目的を達成しつつあるかどうかに関心が向いてきています。

スピリチュアリティを優先事項とするこの世界的な成長は単なる偶然ではありません。神は、サイコロひと振りで何の目が出るかわからないような奇抜ででたらめな宇宙は創造していません。永遠の秩序とは、私たちの魂を逃がすことなく導くセーフティネットのような神聖な計画です。私たちのための神の計画は有史以来存在しており、それは無限に存在し続けます。この世が終わるまでの秒読みがますます進んでも、地球がもっと神中心の場所になることを期待できる計画なのです。

終末への準備

本章の後半では、私たちの「真の故郷」への帰還と、そこでの私たちの未来永劫の生命について詳しく説明します。皆さんに思い出してほしいのは、私たちが一時的に「向こうの世界」から離れ、可能な限り最高の進歩に向けて魂の挑戦をするためにここに来たことです。「思い出して」と言ったのは、あなたの魂はそのことを完全に記憶しているからです。

「向こうの世界」の人生は牧歌的であり、天国であり、周りは限りなく美しいものであふれています。私たちは天使と救世主たちとの間に暮らし、愛し愛され、絶えず忙しく、刺激を受け、直接に神の存在を感じられる聖なる雰囲気のなかで生きていました。

私たちが「真の故郷」を出て、この過酷で不完全な惑星に生まれ変わることを選ぶというのは、ときどきほとんど馬鹿げているような気がします。しかし、私の守護霊のフランシーヌは、私がとりわけ困難な課題に直面して苦情を言うときにいつも、「あなたは良い時代に何を学びましたか?」と言います。神は私たち一人一人に独自の可能性と、何が何でもその可能性に到達しようとする強くて素晴らしい意志を持たせて創造してくださいました。

一方で、恐怖、消極性、誘惑、暴力、残酷さなど、存在するすべての問題を、私たちは望めば学べます。それらの科目を経験せずに勉強することは、一度もハンドルを持たずに車を運転するようなものです。恐怖、消極性、誘惑、暴力、残酷さは「真の故郷」には存在しないので、人類の利益のためだけでなく、私たちの魂が最高な進歩を遂げるためにこの地上でそれに向き合い、成長し、最終的に克服しなければなりません。

私たちは、自分自身の具体的な目標や課題を明らかにせずに地球にたどり着くことはできません。そうでなかったら、例えば志望の大学に入るときにその大学や学部の情報もわからずに入学するのと同じで何もできません。それぞれの新しい転生のための計画は、「真の故郷」から離れて旅の成功を保証するために細心の注意が払われています。私たちは両親を選び、兄弟を選びます。生まれる場所と生まれる正確な日時を選びます。つまり、私たちは占星術の星図から慎重に選び出します。外見のあらゆる側面と、直面するだろう肉体的、精神的な課題をすべて選びます。友人、恋人、配偶者、子ども、上司、同僚、たまたま知り合った人、ペットを選びます。過程ごとに出会うすべての「闇の者」を選択します(闇の者については本章後半で説明します)。自分たちが住むすべての都市、地域、家を選びます。そして自分の好み、弱点、欠点、技能、そして無能である分野を選びます。

新しい転生では、状況がより困難になればなるほどその精神は進歩し完成に向かっていくというのが、信頼できる基本でもあります。それなのに精神的または身体的に障害のある人は過去の人生で犯した幾つかの罪によって罰せられているのが明らかだ、という言葉を批判的な愚か者からまるであたかも真実のように聞くのは身の毛のよだつ恐ろしいことです。まさにその逆が真実なのです。

どんな形であれ深刻な不利益を伴う人生を描くのに必要な優れた勇気と知恵は最大に賞賛されるものであり、それが進歩した魂の定義です。今世紀に入ってから、これらの先進的な魂がどんどん地上に転生してくるでしょう。それは推測や仮定ではなく、単純な論理です。私たちは自分たちの人生を計画するとき、地上の「背景」について十分な知識を持って設計図を書いています。内戦、世界大戦、大恐慌、大虐殺、世界貿易センターの悲劇、これらのすべての出来事はどんなに歴史的であろうと些細なことであろうと、その時代にここにいて関わりたいと思っている「向こうの世界」の人たちによって予期されていました。ここでもまた、その設計図を描くことが難しいほど、その魂はより高度になります。先進的な魂は地球上の生命の誕生以来、地球上の大変動に進んで参加してきたし、その最後にも喜んで参加するでしょう。

定義上、2100年に近づくにつれて、ますます多くの進歩した魂が地上に生まれ、世界の終わりにここにいます（彼らが選択した場合であり、それについては後で説明します）。そして地上に進歩した魂を持つ人々の数が増加するにつれて、地球上の霊性はますます力強く明瞭となり、地球全体を元気づけ、神の浄化の波を起こすでしょう。

私の守護霊のフランシーヌは、「向こうの世界」の次元と地球の次元の間の覆いがゆっくりと、しかし確実に消え始めていると述べています。これを理解するには、「向こうの世界」が地上からわずか3フィート上にあることを知っておく必要があります。地球上の私たちよりはるかに高い波動で存在しているので、その存在を私たちが認識するのは困難なのです。今世紀が進むにつれ、これら2つの波動の差は小さくなり、その結果、人類は「真の故郷」の精神世界をもっと認識できるようになります。つまり、私たちがどこから来てどこに向かっているのかということをたくさん思い出すことによって、世界の終わりに近づいていても心はますます平和でいられるのです。

注目に値するのは、霊性を最優先に考える人々に出会う機会が増えているのと同じくらい、地球上で最後の転生となった人々に会う機会が増えていることです。私たちがいつ、どのくらいの頻度で「向こうの世界」からこの短い「社会見学」に来るかを選択しているかを思い出してください。霊が何十回もここに来ることを選ぶのはよくあることなのです（私は52回目の転生ですが、例えばこれが最後の転生の予定だったとしても、もう一回となればうれしいです）。私たちのなかには、地上での経験で必要なことをすべて学び、最後の転生になった人もいるのですが、一方で、私たちが次回の「社会見学」を考えるときまでに地球がもはや人間の生命を維持できなくなっていると気づいている人たちもいるのです。

繰り返しになりますが、私たちの本当の「真の故郷」は、今訪れているこの一時的な地上ではなく神聖な世界にあり、至福が永遠に満たされている場所なのです。

脱出点

私は前章で、今世紀に転生することを選択したますます進歩した精霊たちは、地球上での人類の終わりと一緒にその転生が終わることを望むかどうかを選択することができると述べてきました。ここに来る前に書いた設計図には「脱出点」と呼ばれるものが含まれています。脱出点とはもし現れた瞬間に利用することを選んだら、私たちが取り掛かっている転生の人生を幕引きできるという、事前に手配が可能な方法です。

設計図には5つの脱出点を書きますが、必ずしも「真の故郷」に向かうのに5番目の脱出点まで待つ必要はありません。この旅で意図したことをすべて達成したと私たちが判断する脱出点は、最初の脱出点かもしれないし、2つ目、3つ目、4つ目かもしれません。また、私たちはそれらを計画するとき、一定の間隔で配置しません。例えば、同じ年に2つか3つの脱出点を用意し、20年後、30年後に次の脱出点を用意します。明らかな脱出点には、重大な病気、事故、もうすこしで起こりそうな失敗や、そのほか論理的に言えば死に至るような大きな困難にもかかわらず「どうにか」耐えられる結果となるだろう出来事が含まれています。ほかの脱出点はとても微妙なので、後で振り返るまで気づかないかもしれません。「理由もなく」いつもとは違う道順で頻繁に訪れる目的地を目指したり、行くつもりだった時間に「些細な」遅刻で飛行機に乗り遅れるか道路に出られなかったり、または突然その気にならなくなり、社交行事や訪問の約束をやめて家にとどまるなど、その時点では意味がないように見えるどんな出来事も、霊的記憶にはその脱出点を利用しなかったことが確かに刻まれます。

脱出点の理論は、世界の終わりについて別のとても面白い点を示しています。世界の終わりが到来したときに生きているすべての人間は、自身で目的を描いた設計図に従ってそこにいるため、「地球上の生命の終わり」は5番目の脱出点として書き記しているのです。意識ではその選択に気づいていないかもしれませんが、彼らの霊的な心は自らの設計図が完了し、この惑星への最後の旅の目的が達成されたことを知っているのです。

地球外生命体

2012年のもっとも劇的なニュースの大見出しの一つが、カリフォルニア州とネバダ州の砂漠で謎の残骸が発見されることでしょう。その粉々にされた巨大な物体の元の形が何だったかを知ることは不可能でしょうが、明らかにその物体が作られた合金は地球上の物質から製造されたものではありません。ある市民団体が謎の残骸に遭遇し、よい気分転換のつもりでその出来事をしっかりと記録して、タブロイド紙ではなく米国監督当局に通知します。結果として、政府は残骸が存在しなかったとする「ごまかし発表」をする機会を逸し、残骸を発見した人たちは、話を売ることで詐欺を働こうとしていると非難されることもありません。

この発見は、世界中の衛星通信と無線通信を妨害する一連の追跡不可能な信号と関連しているでしょう。見聞したことを考え合わせた結果、2012年の終わりか2013年の初めまでに探検家、研究者、政府機関、その他の専門家の組織化された団体が、地球外知的生命体探査のための正式な世界遠征を行うことになるでしょう。

もちろん、地球外生命体は何百万年も前から地球にやってきており現在もいます。彼らは、その高度な専門知識で私たちの社会に貢献しており、できるだけ彼ら自身には注意を向けさせないようにしています。彼らは宇宙工学技術者、核物理学者、教師、科学者、裁判官、社会改革者などのなかにいて、私たちと協力して何世紀も前に大ピラミッドやストーンヘンジで行ったことと同じような不滅の足跡を残しています。そのうちの2人は現在NASAの貴重な職員であり、そのうちの1人はノーベル賞受賞者です。

SFの本や映画が助長するように地球外生物を恐れるのは馬鹿げています。アンドロメダやプレアデスなど、私たちがまだ知らない銀河からも彼らは簡単に日常的にやってくることができます。しかし、もし彼らがここに破壊が目的でいるのだとしたら、瞬く間に破壊するその技術を持っているのに今までそうしていないのですから、破壊が目的とは思えません。

2018年ごろには、私たちは地球外生命体をずっと簡単に探せるようになるでしょう。そして安全かつ健全に、そして究極の公共の場である国連やロンドン警視庁、NASA、キャンプデービッドの会議のような組織へ赴くようになり始めます。彼らは何千もの人々の前に自ら進んで出ていき、すべての心理学的・生物学的テストを受け、自分たちの生物種の起源が地球上に存在しないことを証明するでしょう。

2020年初頭までに私たち人間は、すでに地球にいる地球外生命体やこれから来る地球外生命体との間で合意に達します。地球外生命体から宇宙旅行について学び、すばらしい進歩を遂げる結果、私たちは2012年の有人火星探査や、2030年代後半の月旅行チャーター、2040年代初頭の野性味あふれる月面基地の人気観光地化を実現するでしょう。

現実を見てみましょう。私たちは地球社会の一部であるだけでなく、宇宙社会の一部でもあります。なぜそれが一部の人を怖がらせているのか私にはわかりません。私たち地球の住人は宇宙グループの「新入り」であり、発展の資質を無限に持ち合わせています。そしてついに私たちが他の惑星上の兄弟や姉妹のことを受け入れ耳を傾け始めたとき、私たちは彼らから期待されているように霊的に成長していきます。

さらに重要なことは、他の惑星に住む人々も神の創造物であり、私たちと同じようにやはり神の子らです。彼らは私たちと同じように魂の旅をし、生まれ変わりの選択肢を持ち、私たちの「向こうの世界」ではなく彼ら自身の「向こうの世界」に、私たちと同じような神聖で至福の場所が待っています。全宇宙の人が住んでいる惑星にはすべて、彼ら自身の神聖な「真の故郷」があります。そのことは壊れていく地上の我が家である地球についに住めなくなったときにどれだけ感謝するかということを考えてみてください。この本を読んでいる人で自分の魂のなかに、おそらく何が原因なのかわからないまま深く奇妙な疼きを感じている人がいることを知っています。それはあなたが宇宙のどこかから来た異星人だからではありません。異星人は自分たちが誰で、どこから来たのか正確に分かっています。そうではなく、その感覚の原因は、おそらくあなたが意識はしていませんが、「神秘の旅人」と呼ばれる非常に進歩した精霊であり、神秘の旅人はこの地球の終わりについてまったく異なる見方をしているからなのです。

神秘の旅人

進歩した精霊についてのすべての話のなかで、私は「進歩した」という意味が「より重要である」という誤った印象は与えたくありません。神の目から見れば私たちは皆同じように重要で価値があります。私たちは皆、神の御子です。神は私たちそれぞれの目的やそれぞれが目指す可能な限り高い進歩水準に応じて、一人一人を完全な唯一無二の存在に創造しました。地球上での進歩のさまざまな水準は皆、同じくらい重要であることを示す単純な例として、軍隊を考えてみましょう。将軍はとても高度で不可欠な存在ですが、彼らが指揮する兵士らの軍隊がなければ戦いに勝つ確率がどうなるかわかると思います。

神が与えるすべての目的は、この無限で完璧な宇宙の偉大な計画に不可欠なものであり、すべての精霊は同じように大切にされています。だから、「神秘の旅人」と呼ばれる高度に発達した魂の水準について話すときは、私は彼らが神から特別に授かった魂であるとか、私たちよりも高く評価されている魂であると言っているのではありません。神秘の旅人とは、魂の旅の過程で「この世界で神が私を必要とするところはどこでも喜んで行きます」と申し出た精霊であり、彼らの全宇宙的な使命は神とその御子たちの間の神聖で霊的なつながりを維持することであり、人類の繁栄と生存、そして人類が常に存在できるようにするのを助けることが目的です。そのために神に必要とされているならば、彼らはどの銀河系のどんな人が住んでいる惑星にでも転生することを志願します。

ほとんどの神秘の旅人は、地球上だけでなく他の惑星でも多くの生命を経験しており、有名人になろうがなるまいが、ほとんど超越的な方法で自分の周りの生命に微かに触れて影響を及ぼします。彼らは内側から照らされているように見えます。そして私たちは文字通り炎に向かう蛾のように彼らに引き寄せられます。彼らは神のためにここで行われているしばしば困難な仕事に携わっており、驚くほど穏やかで、共感的、霊的で、普通ではありえないほど優美です。マザー・テレサは神秘の旅人でした。ジャンヌ・ダルクもそうです。13歳の詩人であり哲学者であり、神学者であったマティ・ステパネクもそうでした。

私たちのなかには決して有名になることはないけれどもその輝きゆえに決して人と同じにはならず、霊的な輝きをしっかりと持っているたくさんの人たちがいます。そして今世紀が進むにつれてさらに多くの人々が地球に集まり、世界の終わりが近づいている間に比類なき心、勇気、精神を、神への最大の奉仕として捧げるでしょう。

「神秘の旅人」は地球上での生活が不可能となったとき、大部分の人が待ち望む「向こうの世界」へは次なる転生の計画に必要なだけしか留まりません。「向こうの世界」の「真の故郷」には神から賜る完成の永遠がありますが、彼らは、神がもっとも彼らを必要としている他の銀河の星へ再び転生するのです。

終末と闇の世界

「闇の世界（ダーク・サイド）」は、神とその人間性、誠実さ、思いやり、中立的な愛の法則を拒否した人々のいる区分です。この世界にいる人々を「闇の者（ダーク・エンティティ）」と呼び、その対極には神と聖霊の白い光を抱いて崇敬する私たち「光の者（ホワイト・エンティティ）」がいます。また、「黒」と「白」は人種や肌の色のことだと考えてはいけません。そのような考え方は無礼で不快なことです。

闇の世界を支配する邪悪な負の想念は、神が作り出したものではありません。神が創造したのは自由意志を授けられた精霊です。そしてある精霊たちは、自由な意志を利用して創造主に背を向け、自分以外の誰をも尊敬しない生き方を求めるようになりました。闇の者は自分自身が神であり、自己愛が強すぎて自分より優れた存在を信じません。しかし彼らは神へのとても深い信仰を告白し、聖書全体を暗唱することさえできるかもしれません。また神話上の悪魔を長談義に仕立てることをとても好むかもしれません（闇の者は公平にやりとりする会話を時折許します）。しかしそのときは闇の者が好まない、誰かほかの悪魔を非難しなければならなくなる不都合な結果に直面したときだけです。

闇の世界は人間と霊体の両方に存在します。人間の形のときは彼らは私たちとまったく同じに見えます。家族の一人になるかもしれないし、恋人や配偶者、隣人、同僚、上司、友人になるかもしれません。霊体の形のときは負のエネルギーを使って私たちに何が起こっているかを悟らせることなく機械や電気機器、私たちの精神的な健康に至るまですべてに深く影響を与えることができます。しかしそれらが人間の形であれ霊体の形であれ、闇の者はすべて次の基本的な性質を持っています。

◇良心も誠実な反省もなく、自分の行動に責任感もない。自分の周りで起きているすべての手柄は自分のものであり、自己正当化は批判に対する最初で唯一の反応である。

◇精神医学的には彼らは真の社会病質である。彼らは意識せずに人間の行動を巧妙に模倣する。彼らは、魅力、感受性、共感、愛、後悔、敬虔さを装い、私たちに近づくことができる。しかし彼らは私たちの心をつかみ、それ以上何の役にも立たず面倒だと思ったとたん、すぐにその行為をやめてしまう。私たち光の存在は感情と信仰が本物であるゆえに、自分たちの目で見た彼らの「演技」をどう考えていいのかわからなくなっていく。だから私たちは、

彼らへの信頼と忠誠心にしがみつき、自分たちの目で見たからこそそこにいると信じている、この素晴らしい人のことを必死に鼓舞しようとする。そもそものような素晴らしい人が実在しなかったことを理解できなくなる。

◇闇の世界が関わっている限り、私たち光の存在はただの歩く鏡の集まりにすぎない。私たちの目に映る彼らの姿が実物よりよく映っていれば、私たちは彼らにとって価値ある存在である。しかし私たちが見ていたものが仮面だったことに気づいた途端、彼らはもはや私たちの鏡に映る自分の姿が気に入らなくなり、次の2つの反応をする。一つは可能な限り私たちから距離を置くこと、もう一つは再び私たちを惹きつけることを期待して、最初に私たちを魅了して賞を獲得した演技を繰り返す。

◇闇の者は、神の法や立派な社会の法にはまったく関心がない。彼らは自分自身の利己的なルールに基づいて生活しており、それは都合の良いときに変化し、必ずしも周りの人に当てはまるわけではない。彼らは最悪の行動でさえ完全かつ常に受け入れられると考えている。しかし誰かが同じ行動を取ろうとすると激怒するかもしれない。この一見矛盾した態度によって、彼らのそばにいる光の存在たちは常に均衡を崩しており、それが闇の世界にさらに大きな力を与える。

◇闇の者の目的は光の者を闇にすることではない。彼らはそれができないことを知っている。彼らの目標は、光のあるところに暗闇は存在しないので、光の存在の光を消すことである。彼らは必ずしも光の者を物理的に破壊しようとしているわけではない。多くの場合、彼らは単に、接近できる限り多くの光の存在に感情的な動揺、自信喪失、罪悪感、抑うつ感を与え、光の存在が自信、強さ、力を失うようにさせる。

◇闇の者はお互いの交際を楽しむことはほとんどない。消すべき光もなく、見つめても自分を誇大に見せる映り込みはなく、同じインチキなかばんを持つ誰かを支配することもできないので意味がないためである。その代わり、彼らは私たちを念入りに慎重に探し出す。そして人生のなかで少なくとも一度は、私たちも彼らを探すことがあるだろう。それは愚かであることとは何の関係もない。精神的な責任を真剣に受け止めているからであり、これまで気づかなかった困難や誤解を受けている人に手を差し伸べることが道義的責任だと信じているからである。

もちろん、私たちを必要としている神の子らに背を向けることは、私たちの人道的本能に反します。しかし、対抗しているのが闇の世界であったならば、私たちは時間を無駄にしてしまいます。闇を光に変えることはできないし、光を闇に閉ざすこともできません。存在しない良心に訴えることはできないし、自分の行動に責任を持たない人に真の自責の念を抱かせることはできません。そして、必要なときだけ神を愛する人に誠実な愛は燃え上がりません。私は霊能力者として、また苦労して学んだ人間として、もしあなたの人生に闇の者がいたとしたら、イエス自身の言葉でこう言います。「**立ち去る時に、足のちりを払い落しなさい。**」**（マタイによる福音書10章14）**

闇の者が誰であるかという議論は、彼らが誰ではないかを明確にしない限り、完全なものにはなりません。殺人者やその他の凶悪犯罪者のすべてが闇の者ではありません。あなたを傷つけたことのある人全員が闇の者というわけでもないし、怒りっぽい人や付き合いにくい人が全員闇の者というわけでもなく、そしてあなたが嫌いな人、またはあなたを嫌いな人のすべてが闇の者というわけではありません。私も好きではない光の者がいますし、私を嫌っている光の者たちもいます。人々にレッテルを貼ったり判断を下したり、一番困ることとして精神的な俗物になったりせずに、闇の世界を寄せ付けなければよいのです。

確かに、私たちは皆、ここに来る前に地球から立ち去るときまでの自分の設計図に書きました。そしてそのなかには変化が必要なときに闇の者を役立てる知恵も書き込んでいます。特に世界の終わりでは、彼らは地獄に直行するのに完璧な候補者のように見えるでしょう。しかし読者の皆さんは、「地獄とは自分以外の誰かが行き着く所」と考えていませんか？

闇の扉

「地獄」と呼ばれる場所に実際もっとも近いのは、私たちが住むこの地球であることは間違いありません。この厳しい新兵訓練所は、魂の永遠の旅と並行してときどき自発的に行く所です。底なしの穴や炎と苦悩の火の海はないし、想像以上に恐ろしい場所への永遠追放もありません。それが真実ならば、闇の者が死ぬとき、闇の世界に何が起こるのか気になるところです。良い答えではありません。が、彼らは自分自身が招いた結果を引き受けるしかありません。闇の者が死んでも、魂はその終わりのトンネルと聖なる光を経験することはありません。その代わりに「向こうの世界」の闇の扉をまっすぐ進むか、私の孫娘が小さいころに呼んでいたような「意地悪な天国」へと進みます。

「向こうの世界」に到着すると扉が2つあり、左右のどちらかを選ばねばならないという誤った印象を持たないでください。臨死体験でトンネルの先に2つの扉を見つけたのを憶えていたという人はほんの一握りで、彼らが間違った扉を通り抜ける危険はもちろんありませんでした。闇の者は、周りの人々を肉体的、感情的、精神的に虐待しても後悔することのない生涯を送ってきたことによって、すでに闇の扉を選んでいます。そして闇の扉の向こうには神もおらず、喜びもなく、すべてを消費する無限の奈落があります。この奈落の唯一の永住者は、頭巾をかぶり外套を着た顔のない存在であり、大鎌を手に持った骸骨として擬人化された「死神」の美術的かつ文学的な原型となっています。しかしこれらの者たちは闇の守護霊や復讐の天使のようには行動しません。むしろ評議員として働いており、目の前に短時間現れる魂の進路を監視しています。

闇の者が闇の扉の向こうにある虚空に滞在するのは非常に短い間です。次の転生のためにいつ地球に戻るかを選べる「向こうの世界」の魂とは異なり、闇の者は死ぬと直接闇の扉を通り、自ら選んだ神のいない闇へと進み、すぐに子宮の中へ戻ります。それは前世で死んだときと同じくらい暗い誕生であり自ら招いたUターンの旅なのです。

テッド・バンディを闇の世界の原型と考えてみましょう。彼の起こした殺人は明白であり、処刑される前も悔いる言葉一つありませんでした。テッド・バンディの魂は死んだ瞬間闇の扉を通って、何の疑いも持たない哀れな女性の子宮に入ったでしょう。おそらく彼女は親としてどこで間違ったのか不思議に思うでしょう。しかし子どもの暗い人生の道は生まれる前にすでに決まっていたというのが真実なのです。私が何度も講演で警告してきたことですが、チャールズ・マンソンが死んだというニュースを聞いてすぐに妊娠しないでください。闇の精霊が再び地球に戻ってきたときに恐ろしく不運な受信者になりたくないのであれば。

私は、闇の扉を通って子宮に戻るという闇の世界の旅についての真実を学んだとき、どれだけ納得したことでしょう。長年の疑問の多くが解消されました。霊能者として、私は「向こうの世界」からのたいていの人、すべての霊団、愛する者から別れた守護霊、天使まで見ることができます。ですが周りにまったく精霊がいない人に気づくことがあります。ほとんどの人の周りには常に神の愛による支えがあるのに、その人たちは孤立しているように見えるのです。私はよく心配される「(網膜の)盲点」ができてしまったのではないかと気にしていました。ですが今は、自分の周囲に「向こうの世界」の味方を持たない人たちには十分な理由があることがわかっています。行ったことのない場所から味方を集めるのは不可能だからです。この孤独な人々が闇の者であり、自分自身の選択によって闇の扉を選び、そのために恐ろしい精神的代償を払っています。

私は、闇の世界の旅の真実に大きな精神的安らぎを見出しました。一方では、私が信じている完全なる神が、その子どもらを神聖な御前から永遠に追放するほど復讐心に燃え続けることはないとわかっています。その一方では、神聖さとは無縁のテッド・バンディも最後には私たちとまさに同じように「向こうの世界」で抱擁されるという考えは最初は受け入れられませんでした。それではまるで私の魂と連続殺人犯の魂の間には生涯の間、何の違いもないかのようです。

ほとんどの人々が安全に「向こうの世界」の「真の故郷」にたどり着いていく一方で、テッド・バンディや闇の世界の筋金入りの他の者たちは数え切れないほどの闇の転生のために闇の扉から送り込まれ、自分たちを愛してくれたことのない神に背を向けています。

私たちの創造主が本当に神の子らを未来永劫変わらず無条件に愛していることは、闇の者でさえも闇の扉から子宮の中へ永久にUターンさせ続けたりしないことで証明されます。「向こうの世界」にいる精霊や天使たちは、こうした地獄に落ちた魂をよく知っており、次元から別の次元へと急速に移動している彼らを遅かれ早かれ捕え、「真の故郷」に連れて帰ります。そこで彼らは神に抱かれ、魂に残る神聖な感情を再結合させるのに十分な、強くて唯一の力である聖霊の白い光で再び愛を吹き込まれるのです。

闇の世界の行方

闇の者が転生終了後の地球から闇の扉を経て再び子宮に戻る連続的な循環は、地球上の生命がもはや存在不可能となったとき、明らかに深刻な障害にぶつかるでしょう。もう地球には魂を宿せる母の子宮がないのにどうやって子宮にUターンさせるのでしょうか。世界が終焉を迎えた後、地球にいる闇の世界はどうなるのでしょうか。

この宇宙には無限の計り知れない「力場」があり、私たちには理解できない大きな「無創造の集合体」の中心から神の愛と力が生まれます。この無創造の集合体は、自らの旅を快く終わらせた稀有な至高の魂がそれぞれの惑星から戻って来る場所です。自らの独自性を白紙に戻し、神の力の領域の本質に吸収される場所でもあります。いったん霊魂がその究極の力に身をゆだねると、それまでの独自性を取り戻すことはありません。存在はし続けるのですが魂の区別がつかなくなり、集合体の一部として切り離せなくなります。たとえば、コップ一杯の水を太平洋に注ぐイメージです。そのコップの水は存在しなくなったわけではありませんが、注がれた水を巨大な海から切り離すことは二度とできません。このように、「無創造の集合体」には自分のアイデンティティを捧げる稀有な至高の魂がいて、世界の終わりには闇の者も同じようにこの究極の神聖な浄化がなされ、吸収されます。神は彼らを決して拒絶しないし、神への敬慕を失わせないでしょう。

終末と地縛霊

多くの人が知っているように、地球にしばりつけられた幽霊にはさまざまな理由があり、死んだときに「向こうの世界」へと連れて行ってくれるトンネルを見てもそれを拒否したか、まったく認めなかったか、またはその両方でしょう。その結果、体の外に取り残され、私たちが存在する地球の低い波動と「真の故郷」のはるかに高い波動との間に囚われてしまいます。

幽霊は、この世の言葉で言えば死んだということを知らない無知な存在です。彼らは一時間前、一日前、一週間前のどこにいたかに関心を持ち続ける限りは十分生き続けます。知らないうちに波動が変わったために突然誰も見えない、聞こえないという不可解なことが起こっただけで、目線からは何も変わっていないのです。幽霊に遭遇するという忘れられない経験した人たちは、幽霊がいかに怒りっぽくてイライラしていたか不満をこぼしています。ですが周囲の人に、自分が存在しないかのようにされたらイライラしないか試してみてください。

細かいことは幽霊によってまったく異なりますが、彼らがうっかりまたはわざと「真の故郷」に行く機会を逃したもっとも一般的な理由は、情熱(愛か憎しみかのどちらか)と恐怖に集約されます。愛する子どもの世話をしたり、恋人が帰ってくるのを待ったり、大切な家を侵入者から守ったりするために家に残る人もいます。また、現実の敵や想像上の敵に復讐しようと後に残る人もいます(復讐は決してできませんし、言うまでもありませんが少しも心配ありません)。またある人は自分が「真の故郷」で神の歓迎を受けるに値しないと思い、神に顔を合わせることを恐れていまだ地球に留まることがあります。

現実を直視しましょう。彼らにとっても私たちにとっても、幸いにも地球上に永遠に閉じ込められる幽霊のようなものはいません。今世紀の最後の数十年までに人間の意識が卓越した成長をし続けることで、多くの亡霊はよく知っている人に導かれ、トンネルを通って「向こうの世界」へと向かいます。「あなたは死んだ。真の故郷に帰りなさい」と声をかけられた幽霊は、真の偉大な慈悲があることを理解していきます。

「向こうの世界」の霊は地球に縛られた魂のことを私たちよりもはるかに理解しており、幽霊たちがトンネルの反対側で待っている魂たちと楽しい再会を祝うまで、絶え間なく介在し続けます。2001年9月11日に起きた世界貿易センタービルへの卑劣なテロ事件後すぐにグラウンド・ゼロを訪れたときの言い表せないほどの体験は決して忘れられません。私の心にあふれた無数の感情のなかには、驚きと同時にあの恐ろしい悲劇に遭った3000人の犠牲者の一人として、迅速かつ安全に「真の故郷」に行きそこなう人がいなかったことへの安堵と感謝がありました。神様の優美で完璧で愛情に満ちた恵みのおかげで一人の幽霊も残されず、混乱したりおびえていたりしていませんでした。

世界の終わりにはこれとまったく同じことが起こるでしょう。神の恵みによって、神の子らである私たちの誰一人として置き去りにされたり捨てられたりすることはありません。そのなかには地球から離れられない幽霊たちも含まれます。突然トンネルを見た幽霊たちは、そこに喜んで抱きつき、そして「向こうの世界」で完全でこの上なく幸せに暮らす魂たちと合流します。

宇宙の「向こうの世界」

地球が存在する限り、私たちにとっての「向こうの世界」も存在します。地球のすべての魂はそこからやって来て胎内に入り、死ぬときはそこに戻っていきます。それはとても現実的な場所であり、私たちの想像を超えた美しい場所です。魂ではこの場所を覚えているため、私たちは無意識下では「向こうの世界」を去る瞬間から死んで戻る瞬間までにホームシックになっています。そこはそんなに遠くではなく、虹の向こうでも月や星の向こうでもありません。

先に述べたように、私たちの次元にはもう一つの次元が重ねられています。地上からちょうど3フィートの高さです。地形は地球の完全な鏡像ですが、例外が一つあります。「向こうの世界」には浸食や汚染がないため、その景観は何千年も前の地球のイメージです。その当時は水域も青く、山や海岸線は完全に無傷でした。「向こうの世界」では失われた大陸であるアトランティスとレムリアが繁栄しています。世界の優れた建築、文学、芸術作品も、たとえ私たちの過酷な世界では崩壊、または長い間破壊されたままになっていたとしても、ここでは生き生きと残されています。これは他のどの有人惑星でも同じです。彼らの「向こうの世界」は地上の惑星よりもはるかに高い波動を持ち、やはり地上から3フィート上にあります。彼らの惑星の地形はその惑星の「真の故郷」と同じであり、偉大な作品や構造物は完璧な状態で保存されています。

忘れてはならないのは、世界の終わりとは地球で生命を維持できなくなることを指しており、「惑星」自体は無傷のままです。地球が存在する限り私たちの「向こうの世界」は存在します。同じことが他のすべての有人惑星と「向こうの世界」にも当てはまります。そしてこれからの数十年が楽しみなのですが、これら有人惑星が霊的に進歩し、「向こうの世界」と互いに離れることが少なくなっていくと、彼らの「向こうの世界」は無限に広がる大いなる「宇宙の向こうの世界」と融合を始めます。特に惑星の環境がもはや人間の生活を支えることができなくなった場合も同様です。もし明日地球が破壊されれば、私たちと私たちの「向こうの世界」は、すでに寿命を終えた星々の魂たちと合流します。そこは「宇宙の向こうの世界」と呼ばれ、喜びにあふれた聖なる生活を送る他の星の魂たちが待っています。星々の中にあり、私たちの「真の故郷」の遥か向こうで永遠に繁栄しています。その場所を可能な限り美しい方法で想像するには、夜空に浮かぶ古代の「偉大な男」のイメージを思い浮かべてみてください。

頭はおひつじ座です。

足は魚座です。

そのほかの体の部分は十二宮の他の10星座によって輪郭が描かれています。

「宇宙の向こうの世界」の兆しを見つけるには想像するのが一番近道です。「宇宙の向こうの世界」の映像は、地球の「向こうの世界」と同じように宇宙の鏡像とまったく同じで、そこにはもはや存在しない昔の有人惑星から転生した魂と救世主が住んでいます。もちろんすべては神の約束の一部であり、私たちが永遠に安全で愛され、与えられた命が決して終わらないことが約束されているのです。

地球を去り「真の故郷」へ

私はかつてラリー・キング・ライブ（アメリカの生放送対談番組）に、神学者であり哲学者であり詩人である13歳でこの世を去った神秘的な旅人の故マッティ・ステパネクとともに登場しました。マッティは人生の大半が自律神経障害のあるミトコンドリア病という悲劇的な遺伝病で苦しめられていましたが、車椅子のなかで人工呼吸器の助けを借りながら話していました。大変明るく前向きで自信に満ちた、信仰心の厚い子どもでした。ラリー・キング氏が「マッティ、死を恐れている？」と尋ねると、マッティは「死んでいくことは恐いけど死は恐くないよ」と答えました。その言葉には大きな普遍的真理があると思いますし、私は今までにこれ以上簡潔かつ明確な言葉を聞いたことがないと思っています。

私たちは世界の終わりを取り越し苦労していますが、地球上で私たちの終末がいつどのように起きたとしても、私たちを恐怖に陥れるのは死そのものではなく、死のプロセスなのかもしれません。臨死体験をした人に尋ねてみると、全員が同じことを言うでしょう。彼らはもはや死に対する恐怖をまったく持っていません。それはマッティ・ステパネクにも当てはまり、私にも当てはまります。42歳のときに定期手術を受けたとき、私は臨死体験をしました。実際モニターは私のバイタルサイン（血圧、心拍数、呼吸など）が数分間とだえたのを記録しており、私は死亡した経験があると言っていいでしょう。私にはその一瞬一瞬を記憶する特技があるので、私たちが死んだときに何が起こるのかを正確に説明することができます。

◇伝説のトンネルがすぐに現れる。それはどこか上から来たのではなく私の体から立ちのぼり、私自身のエーテル体からのように見えた。それは空に向かって上昇するのではなく20度くらいの角度で「横切る」ように現れ、私の守護霊のフランシーヌがこれまで私に何百万回も言っていたこと、つまり「向こうの世界」とは本当に私たちの世界の地表の上わずか3フィートの所に存在する楽園であることがわかった。

◇トンネルを抜けて移動したときほど、完全にわくわく生き生きしていると感じたことはなかった。体から解放され、重力から解き放たれた私は、自由と無重力を感じた。そしてすぐに平和、至福、そして「真の故郷」と永遠の真理を完全に思い出すことができた。それを思い出したことで、私は後に残してきた我が愛する人たちについて、すべての心配から解放された。彼らが「（人生の）設計図」を更新していけば大丈夫だと分かっていたし、瞬く間に「向こうの世界」で再び一緒になることもわかっていたから、悲しみも喪失感もなく、寂しい思いもしなかった。

◇私の目の前に、神聖な明るい白い光が現れた。私がそれについて聞いたり読んだりしたことはすべて真実だった。なぜならそれは神の愛と神の無限の知識で脈動し、ほとんど生きているように見えていたからだった。

◇愛する人の姿がトンネルの奥の大きな入口に現れた（私の場合は、18歳のときから会いたいと思っていた大事なエイダおばあさんだった）。その向こうには緑豊かでたくさんの花が咲き乱れる草原が広がっていて、まるで地上でもっとも美しい草原のようであり、色が千倍に濃縮されているようだった。

私にとっての「真の故郷」への旅は、身ぶりで止まれと示したエイダおばあさんと、病院のベッドのそばで「シルビア行かないで。あなたが必要なのよ」と訴える遠くからの友人の声によって、はっきりと中断されました。私は、自分が地球に戻ってきたことに何日も深く落ち込むと同時に、生還できたことに感謝するようになりました。死は恐れるものではないことを、私は自信を持って約束できます。それはまさに、神の愛情あふれる腕の中に戻ることであり、私たちの魂がすでにしっかりと記憶して待ち焦がれていたことでした。

私は「向こうの世界」に実際に到着したときの大きな喜びを述べる前に、あなたに息を呑むような終末の出来事をはっきりとお伝えし、あなた自身の研究と考えで結論を導いてほしいと思います。

再臨と携挙《ラプチャー》

キリスト教の文献や伝説によると、世界の終わりが近づいていることをもっともはっきりと示す兆候は、イエス・キリストが関わる次の2つの大きな出来事です。それはイエスが人間の姿で地球に再び現われることと、信者を天国に連れて行くために雲のなかに姿を現すことです。これが携挙《ラプチャー》と呼ばれる現象です。どちらも美しい考えですが、私はそれが終末の日に起こるとは思いません。私はマタイによる福音書28章20節でイエスが言った「見よ、わたしは世の終わりまで、いつもあなたがたと共にいる」という聖なる言葉を信じています。しかしこれが『未来は』あなたと共にいる」という意味ならば、もっと深読みすると「(それまでは) 私たちの元からいなくなっているかもしれない期間がある」と言っていることになります。それはまったく真実とは違います。

イエスは復活以来、片時も私たちのそばを離れず、この瞬間もイエスは私たちと一緒にいて、私たちが「向こうの世界」での生に戻ったときも共にあり、「真の故郷」での楽しい永遠の時間を一緒に過ごします。私たちはイエスを待ち焦がれて目を凝らす必要はなく、すでにイエスはここにいて、今現在私たちの重要な一部なのです。イエスは一度目の再臨のとき、皆がそれまで望み、必要とし、希望してきたすべてのことを成し遂げていなかったでしょうか。次はどんな理由でイエスは戻って来るのでしょう。イエスが実在し、本当に神の子らであると証明するためだとしたら、それにはもう疑う余地がないことを皆知っています。しかし残念なことに、イエスの再臨は２０００年前に直面したのと同じ論争と懐疑を引き起こす可能性が高いでしょう。

また、今世紀が進むにつれてもっともっと多く現れてくるすべてのインチキな「生まれ変わりの救世主」をやめさせるためには、「私はイエスを外に探すのをやめました」と言うよりも、「イエスがもうここにいると知って安心しています」というほうが効果的です。そして、自分の心を指して思い出してください。

「見よ、わたしは世の終わりまで、いつもあなたがたと共にいる」

また、キリストが世界の終わりに信者を空に抱擁するという携挙は、実際は決して文字通りの出来事ではないと思います。終末を前にした本物の携挙は、もっとスリル満点ではるかに神聖なものになると私は信じています。ヨハネの黙示録の携挙の一部は、人類すべてに対する神の裁きであることを忘れてはなりません。

これはいのちの書であった。死人はそのしわざに応じ、この書物に書かれていることにしたがって、さばかれた。（黙示録20章12）

このいのちの書に名がしるされていない者はみな、火の池に投げ込まれた。（黙示録20章15）。

繰り返しますが、私が知っている神、私が崇拝する神、私たちすべてを創造した神は優しさ、寛大さ、大きく開いた腕、そして絶対的で無条件の愛において完全です。私たち神の子らを永遠に「火の湖」で責め立てるような残酷で悪意に満ちた無慈悲な神ではありません。神から背き去った闇の者でさえ、神は愛し続け、我が許に帰るのを待ち続けますし、地上の生活が終わるとき、彼らは神の一部となるでしょう。携挙では、イエスが雲の中に現れ、裁きや差別なしに私たち全員を救うでしょう。後半に述べますが、地球上での私たちの人生を評価するのは、「向こうの世界」に到着した後の自分自身だけです。また私は個人的な経験や研究調査、守護霊のフランシーヌから「向こうの世界」が地球の地上から3フィート上にあると繰り返しお伝えしています。物理的な疑問として、たった3フィート上の「真の故郷」への旅に、私たちの魂が空まで引き込まれる必要はありません。

真の携挙とは、普遍的で無条件の愛に包まれた、はるかに精神的で敬虔なものだと断言します。ある美しい物語で、聖書的なものではないのですが、この無条件の愛を雄弁に示している次の物語があります。

世界の終わりが到来し、携挙を予期して集められた義人たちが、ついに神にイエスの居所について尋ねました。神は仰せられました。「イエスは門の外でユダを待っている」

真の携挙は、終末の日までに世界中に広がる深い霊性の根拠となるものです。個々の宗教、政治、人種の違い、最終的に人類が理解し合うための障害となっているありとあらゆるものが私たちを一つにするものの前では霞んで見え、ついには私たちを隔てるものすべてが取り払われるでしょう。真の携挙とは、我々の次元と反対側の次元との間の覆いをわずかに持ち上げることです。そうすれば地球上の私たちは、帰還を祝福するために待っている精霊の世界に簡単につながることができます。真の携挙が私たちの過去の人生と死の記憶を明らかにし、それによって私たちは永遠の存在であることを悟り、終末の恐怖を手放すのです。死は無ではなく幻影であり、次元と次元の覆いを通過する簡単な道順です。その道が神の子らとしての権利である平和と喜びへと導いてくれるのです。

そして真の携挙とは、神が報復的で残酷な存在ではないということを理解することであり、それによって世界の終わりには、私たち全員、そう、私たち全員が、神の腕の中で永遠に安全に、そして愛されることになるのです。

反キリスト

反キリストの話題は、再臨や携挙《ラプチャー》と同様に終末を予測する上で不可欠なため、今のうちに片付けておきたいと思います。手短に述べることで反キリストに注目するのをきっぱり止めることにします。反キリストはすでにここにいて、人間の形で存在しています。そして名前があります。それは「無関心」という名前です。「善人が何もしないときには悪が蔓延する」というのが事実です。

あまりにも多くの人々があまりにも長い間何もしてこなかったし、地球とその住民の貧困、飢餓、不正、虐待には無関係、あるいは私たちはそれについて何かするには忙しすぎるという立場を取ることは「反キリスト」そのものです。無関心とは驕りであり、もはや手にしてはならないし、望んでもならないものです。なぜなら、最終的には私たちを破滅させるものだからです。

地球上の霊性が今世紀にしっかりと高まって根を下ろせば、無関心である反キリスト者は追い払われるでしょう。そして私たち一人一人が神の御心を見つけて神聖に近づけば、私たちに託されたこの世界でお互いに面倒を見合わないことなど想像できない日が来るでしょう。その日がどのくらい先にやってくるのか、または何もしないことで私たちの中の反キリストをどれだけ我慢して持ち続けるかは、私たち次第です。

「向こうの世界」への到着

私たちは死ぬと最後のトンネルがあり、その先に輝く白い光があるということをよく耳にします。「真の故郷」への旅がそこで終わる印象ですが、もちろん旅はそこから始まります。それから先は？という疑問に答える議論をしないのは不親切なことです。答えは「私たちは再び、生活が中断したところから現実の生活を選び取る」です。すべての道がローマに通じているように、古いことわざによれば、すべてのトンネルは「向こうの世界」への入口に通じています。この地球上のどこで死んで肉体から離れても、私たちは皆、まったく同じ場所へまったく同じ旅をするのです。トンネルから出てみると、息をのむほど美しい草原が広がっています。

私たちを迎えるためにそこで待っているのは、先に亡くなった最愛の人たちだけでなく、「向こうの世界」も含めたすべての過去の人生での友人や最愛の人です。守護霊も真のソウルメイトもそこにいます。そして何よりも私たちがこれまで生きてきたすべての人生で愛してきたすべての動物が身近にいて、歓迎するために待っています。この純粋な心からの喜びに包まれて喜んでいる皆の間を通り抜けるのに苦労するほどです。草原と華々しい「帰省祝い」の向こうには巨大かつ豪華な光輝く建造物群が立ち並び、その建造物は地球から「向こうの世界」に移動するときに必須の場です。

◇「記録の殿堂」には、そびえ立つ大理石の柱ときらびやかなドームがあり、そこには地球上に暮らす私たちの生活のあらゆる姿のあらゆる図が収められている。

◇「司法の殿堂」は円柱のドーム型の白い大理石でできていて、信じられないほど美しい庭園や母なる神であるアズナの秘仏像を祭っている。

◇白い大理石と青いガラスからなる2本の塔は、地球から「真の故郷」に戻った者たちに特別な心理的・情緒的支援を必要とする特別なケアが提供される。

◇知恵の殿堂。巨大な大理石の階段と巨大な入口の扉があり、そこでほとんどの人は胸躍る多くの再会を果たす。

私は以前にこの世の最後に立ち会う唯一の決意を書き記すことを約束しました。それは、私たちが転生を終えて「真の故郷」に帰るたびに直面するのと同じ決意であり、もっとも厳しい決意です。それは知恵の殿堂の巨大な部屋で行われます。守護霊は部屋を囲む無数の白い大理石のベンチの一つに私たちを連れていきます。私たちは一人で座り、守護霊が見守るなか、多くの臨死体験者が思い出す体験をします（ほとんどの臨死体験者はこのとき何が起こったのかを正確に理解できるほど詳しく覚えていません）。死に直面したことのある人が、まるで目の前で人生のすべてが一瞬のうちに見えたかのように感じたと描写しているのを聞いたことがあるでしょう。真実は、彼らが想像しただけではありません。

彼らが実際に体験したのは、「経験再生装置（スキャニングマシン）」が待機している知恵の殿堂での静かな短い旅です。経験再生装置は巨大な凸型の青いガラスのドームであり、それを通して、私たちが今まで生きてきた人生の一瞬一瞬が目の前で繰り広げられるのを見るのです。私たちの人生は映画のように見えるのではなく、3次元ホログラムの形で表現されます。経験再生装置のまわりをどこに移動しても、良い点も悪い点も、正しい点も間違っている点も、すべての細部を完全に明瞭に見ることができます。私たちは自分の人生を長い時間かけて見直し、「映像」を好きなだけ「巻き戻し」さえできます。経験再生装置との出会いは、地球から「向こうの世界」へと移行するための単なる楽しい方法以上のものです。それは私たちの魂の永遠の旅に不可欠な一歩です。

地球上の生活を営んでいる間、私たちには目的を達成するために書いた設計図の重要な部分の記憶はありません。しかし、「真の故郷」に戻って経験再生装置にたどり着いた瞬間、設計図を完全に思い出すことができます。つまり、私たちの最後の転生が、単なる昔を想い出すために3次元的に詳細に展開するのを見るのではなく、その転生が事前の詳細な計画にどのように積み重ねられてきたかを見ることが問題なのです。そして私たちの成功と失敗を最終的に評価するもっとも厳しい判断者は、守護霊でも神でもなく私たち自身なのです。

霊的な自分としての私たちのことを、そして向こうの世界から見た私たちのことを考えてみてください。「向こうの世界」の魂には否定性がないだけでなく、自分の行動の真実を直視しており、説明責任を果たさないための防御力やエゴに振り回された自己正当化もありません。「向こうの世界」にいる間、経験再生装置は私たちのもっとも価値ある研究道具の一つです。

「真の故郷」に帰ってきたばかりの私たちの転生を研究するのと同じように、私たちは地球で過ごした他のすべての転生を研究することもできますし、さらに言えば、私たちに興味を持ってくれるすべての人とすべての転生を研究することもできます。それは経験再生装置の「プロジェクター」を通して私たちが選んだ「設計図」を映像再生すれば可能です。私たちは精神の歴史や人類の歴史のどんな出来事でも目撃することができますし、選ぶならその出来事と「融合」することもできます。実際の参加者が感じたすべての感情を感じながら、その迫力や結果を変えることなくその一部になるのです。

経験再生装置を観ることとは、私たちが「帰省」し、そこで忙しい生活を送る上でもっとも大切な目的の一つです。その価値は、世界が終わり、地球上での私たちの人生が終わったときにのみ高まるでしょう。それによって私たちは自分たちが生きてきた人生と、二度と見ることのない地球で学んだ教訓に好きなだけ立ち戻ることができるようになります。そしてそれ以上に、永遠の命が転生する最終段階としてこの世の過ちから学ぶことが、私たちの魂に計り知れない成長をもたらすでしょう。

「向こうの世界」の人生

偶然ではありませんが、私は『Life on the Other Side（向こうの世界の生活）』という本を書きました。もしあなたがその本を持っていないのであれば、この単純な真実を覚えて信じてほしいのです。地球上での私たちの生活は、私たちの本当の「真の故郷」である神聖な場所で生きていることの幸せで神聖な爽快感と比べると、夢遊病にすぎないということです。「向こうの世界」が地球と同じくらい本物であることは間違いありません。実際、私の守護霊のフランシーヌは、そこははるかに現実的であり、私たちは逆に「向こうの世界」の幽霊であると主張しています。地形は非常に美しく、浸食、汚染、自然災害、人間の破壊などが起こる前の地球と同じであり、アトランティスとレムリアは澄んだ青い海に反映し、パルテノン神殿、アレクサンドリア大図書館、バビロンの空中庭園、ミロのヴィーナス、この世に存在したすべての不思議なものや宝物がそこではまったく新しいものに見えます。海岸線と山頂はそれらが作られた日と同じくらいはっきりとその形を映し出しています。そしていつまでも穏やかで純粋な華氏78度の気候で、あらゆるものが栄えています。

昼も夜もなく、「向こうの世界」には時間がありません。存在するのは「今」だけです。そこでの私たちの魂は食べたり寝たりする必要はありません。私たちは自分の最高の情熱と才能を反映した仕事を持っていて、社会生活は好きなだけ忙しく、友人の種類も「真の故郷」では誰もが昵懇の間柄なので、可能な限り多様です。旅はどこにいたいかを考えるだけでよく、私たちは思考投影によって家を作りだします。

神の存在は私たちが呼吸する空気そのもののように満たされて、どこにでも立派な礼拝堂があり、すべての宗教が共有され、崇められています。天使たちは私たちの間を歩き、私たちにもお互いにも話しかけず、声のホールと呼ばれる由緒ある建造物で大規模な合唱団に参加して、何とも言えないスリリングな賛美歌のコンサートを行うまで、まったく音を立てません。

「向こうの世界」には否定的なことも、悲しみも、病気も、痛みも、欠陥もありません。地上の肉体を置き去りにしたのが何歳であろうと、私たちは皆、活力の絶頂にある「真の故郷」の33歳です。私たちは純粋な愛であり、一息ごとに純粋に愛を体現しています。私たちの永遠の命は、創造主の聖なる存在のなかで生きる、喜びの絶え間ない祝祭です。

地球上の生命が存在しなくなる「その時」の最重要点にすべてがつながっていきます。「向こうの世界」では聖なる平和な喜びが私たちを待っています。私たちはそれを終わりと呼ぶのをやめて、「始まり」と呼ぶべきかもしれません。

インカのケロ族のシャーマンの祝祷から

自分の足跡をたどりなさい。
川や木や岩から学びなさい。
キリストやブッダ、兄弟姉妹を敬いなさい。
大地の母と大いなる霊に敬意を表しなさい。
自分自身と創造物のすべてに敬意を払いなさい。
魂の目で見て、必要なものに関わりなさい。
かくあらせたまえ。

【参考】

『口語訳新約聖書』日本聖書協会、１９５４年

『口語訳旧約聖書』日本聖書協会、１９５５年

著者
シルビア・ブラウン
1936年生まれ。全米一の人気と実力を兼ね備えた霊能者。
行方不明者の捜索や有名事件の捜査でＦＢＩや警察など公的機関に協力し、多数の難事件を解決、犯罪調査に貢献した。前世療法分野での研究活動にも精力的に取り組み、超自然現象の調査研究を通して、医師たちとの共同作業や祈りの場の建設などを行った。米国の人気テレビ番組やニュース番組などへの出演多数。40冊を超える著書のうち、20冊以上が「ニューヨーク・タイムズ」紙のベストセラーリストとなっている。2013年11月、77歳で逝去。

リンジー・ハリソン
1948年生まれ。ライター。シルビア・ブラウンとの共著多数。

訳者
永島　静
1968年生まれ。千葉大学卒業。東京創作出版代表。

シルビア・ブラウンが視た世界の終わり
END OF DAYS　終末予言と天啓

2020年12月15日 第1刷発行

著者　シルビア・ブラウン　リンジー・ハリソン
訳者　永島　静
発行所　東京創作出版
〒271-0082 千葉県松戸市二十世紀が丘戸山町53-1
電話・ＦＡＸ　047-391-3685
http://www.sosaku.info/
印刷製本　藤原印刷株式会社

落丁・乱丁本はお取り替えします。
ISBN978-4-903927-33-6 C0011